すべての中学生・高校生・大学生に贈る

みんなが幸せになる

恋ではなく愛で学ぶ
政治と経済

名古屋経済大学法学部 准教授
NHK 高校講座 現代社会 講師

高橋 勝也

／はじめに／

こんにちは。勝也先生です。

生徒や学生諸君は、僕のことを「高橋先生！」と呼んでくれることもありますが、「勝也先生」です。ご承知のように、高橋という苗字は日本全国にたくさんいます。どの学校にも、高橋先生は数人いたりします。ですから、呼ばれて返事をしても、僕のことでないことが結構あったりするのですね。ですから、勝也先生でお願いします！

僕は、中学生・高校生・大学生に政治や経済を二十年以上教えている学校の先生です。主に政治や経済を学んでもらっているので、諸君の学校にもいらっしゃる社会科や公民科関連の先生と思っていただければ良いです。現在でも生徒や学生諸君を相手に授業をしているので、どうしたら諸君が政治や経済に興味や関心を持ってくれるのかと、真剣に考えながら教壇に立っている教育者でもあります。

先生になるためには、都道府県ごとに実施している教員採用試験に合格しなければならないのですね。僕が若かりし頃は、先生が余っていたため、教員採用試験は難関中の難関。五年間を費やしてやっと合格を勝ち取り、先生になれたときは万感の想いで教壇に向かったものです。生徒たちがわかりやすく、楽しく感じてくれる授業をするのは当たり前。新米教師なりに全力を尽くして、授業の準備をしたものです。

「やっと、子供たちに出会える！」「念願の先生になれた！」「子供たちは可愛いにちがいない！」しかし、教室にいる生徒たちは、僕の想像と異なる姿勢と態度を示していたのです。若い諸君は、ヤマンバギャルやガングロはご存じないかもしれませんね。１９９０年代後半から、厚手のお化粧や特殊なメイクが女性たちに流行すると、中には学校でお化粧やメイクの準備を万端《ばんたん》にして、放課後すぐさま街に繰り出す子たちがいました。その子たちは、僕の授業に全く興味をもってくれない。注意してお化粧道具を片付けさせても、数分後には再びメイクアップが始まっている。僕は、最初、そんな生徒たちが許せなかった。ハッキリ言えば、ムカつきも絶頂を迎えた。「こんなヤツら。税金を使って教育なんか受ける資格ない！」「早く退学させるべきだ！」と。今、考えたら、教育者として恥ずかしく、背筋が凍っていく想いになります。僕は先生として、まだまだ未熟でした。

学校の授業をしっかりと受けることが、子供たちの当たり前の姿。大人は仕事して、子供は勉強するみたいな。その当然のことをしようとしない子供たちに非があると思い込んでいました。しかし、ふと次の想いもこみ上げてきました。「もしかしたら、僕の授業がつまらないのかな！？」「もし、もっと面白い授業、楽しい授業をすれば、僕の話を聞いてくれるのかな！？」それからは、寝ても起きても二十四時間、どんな授業をしようかと考える先生になっていたのです。

もう、二十年くらいの前のこと。その日は、卒業式を控える高校三年生の最後の授業。万感の想いを詰めた授業を展開した。そのときばかりは、みんな僕のほうを向いてくれている。国際社会には僕らが知らないような厳しい現実がある。そんな現実と、「これからどうやって向き合って、大人になっていきますか？」を問う授業でした。最後には涙を流している生徒もいる。僕は確信した。最高の授業をすればいいんだ。そうすれば、諸君みんなは輝いてくれる。

若い諸君は今、輝いているかな？輝いていないなら、気の毒に感じてしまうし、困ってしまう。なぜなら、ご存知のように、少子高齢社会は深刻化していて、諸君が社会を引っ張っていってくれないと、これからの日本は大変なことになってしまう。僕は信じている。諸君が輝き続けていくことで、未来は明るくなっていく。みんなが幸せになっていくのだと。

僕は先生だから、未来を明るくしてくれる若い人たちを育成している。それを実現できるような授業を、今日も明日もしていくだけ。しかし、残念ながら、僕の身体は一つしかない。だから、数百人の生徒や学生諸君にしか学ばせることができない。みんなに輝いてもらいたい。そして、諸君にみんなが幸せになる社会を築いていってもらいたい。それがペンを執った動機です。今まで僕が展開してきた授業を紙面にて、できる限り忠実に再現することで、僕が教えている生徒や学生諸君だけでなく、諸君に輝いてもらいたいのです。きっと、自らの輝きを感じとったとき、みんなが幸せになる社会を築きたくなっているかもしれない。諸君に「明るい未来にしていくのだ！」「みんなが幸せになる社会を築いていきたい！」と思っていただけるように全力を尽くして挑んでいきます。どうぞよろしくお願いいたします。

さあ、楽しい授業が始まります！

みんなが幸せになる　～恋ではなく愛で学ぶ政治と経済～

目次

はじめに……2

第1章　政治や経済を学ぶ前に……9
勉強と学びをそれぞれとらえ、諸君がどのように政治や経済と向き合えばよいのかを考えます。

第2章　政治しよう！……27
政治とは何なのかを、あるゲームをしながらとらえ、諸君が何をしていくべきなのかを学びます。

第3章　経済しよう！……61
経済とは何なのかを、あるシミュレーションによってとらえ、諸君が何をしていくべきなのかを学びます。

第4章　「経済しよう！」を探究する！……97
経済とは何なのかを、さらに、別のシミュレーションによってとらえ、諸君が何をしていくべきかを学びます。

第5章 「何ができるか!?」自分を知ろう! …… 127
現代の社会に向き合うために、自分自身がどんな人間なのかを見つめて、自分の可能性を広げていきます。

第6章 これからの社会を築くのは、「諸君でしょ!」 …… 143
これからの社会を築いていく時に、有しておいたほうが良いさまざまな理論について考察します。

第7章 最後の「政治しよう!」「経済しよう!」 …… 169
勝也先生からの最後の授業です。

第8章 恋ではなく愛で学ぶ政治と経済 …… 193
恋ではなく愛で学ぶ政治と経済について、お話しします。

最終章 出藍《しゅつらん》の誉《ほま》れ時代だ! …… 205
勝也先生からのラストメッセージです。

あとがき …… 211

本書の構造　（諸君の脳と心の動き）

「勉強」ではなく、「学び」の本質を理解する

☞

現代の社会の見方・考え方を多角的・多面的に広げる

☞

政治と経済を学ぶ本質と本旨（真の目的）を理解する

☞

学ぶ主体である自分自身の魅力や価値を検証する

☞

自らが現代の社会とどう向き合うかを追究する

☞

恋ではなく愛で政治と経済を学ぶ

☞

現代社会のリーダーとなるべく決意する

第1章　政治や経済を学ぶ前に

Q 勝也先生、政治や経済に、恋とか愛とか関係ないですよね!?

いきなり、ズバッときますね。そうですよね。確かに関係がなさそうです。ですが、僕が学校の授業で配布する学習プリントには、必ず「政治と経済は、恋ではなく愛で学ぶのだ!」と記しています。学習プリントを受け取った生徒や学生の中には、「これ、どういう意味ですか?」と純粋な問いをかけてくれる子たちもいます。そんな時、いつも「一年間の最後の授業で、このことについては、きちんと説明しますね。だから、それまで待っていてね」とお伝えします。「ふ〜む。そうですか。」と言いたげな生徒や学生たちは、腑に落ちていない感じです。

それはそうでしょう。僕の授業やこの本を読んでくれていても、彼氏ができたり、彼女ができたりはしません。楽しい恋や幸せな愛もやってはこない。残念ですか?でも、これからお話しすることは、「政治と経済は、恋ではなく愛で学ぶのだ!」に関連することばかりです。ときどき、なぜ、政治と経済は、恋ではなく愛で学ぶのかな?と思い出していただきながら、読んでいただきたいです。そうすれば、最後の最後に、「なるほど、そうだったのか!」と感じていただけることでしょう。

僕は僕で、諸君がこの本の最後まで、読めるような努力をしていきます。「政治とか経済とか、なんだか難しそうですが、恋ではなく、愛で学ぶと面白いのだ！素晴らしいのだ！」と感じていただくのが本書の目的でもあります。種明かしが最後になってしまうので、モヤモヤとさせてしまうかもしれませんが、ぜひ、最後まで読んでくださいね。

Q やはり、政治とか経済とか、難しいと感じてしまうのですが…。

若い諸君にとっては、当たり前です。僕と出会った生徒や学生諸君の多くは、難しいと感じたり、少し縁遠いと感じたりしているようです。しかし、心配することはありません。実は、政治や経済は、知れば知るほど学ばずにはいられないものなのです。この本を手にして、政治や経済を理解しようとする諸君は、周りの大人たちを超えていく存在とも言えるでしょう。なぜなら、「政治って何ですか？経済って何ですか？」と聞かれても、きちんと答えられる大人もそんなにはいないはずだからです。

本当ですよ。僕は諸君のご両親に相当するような年齢の方々との付き合いが、たくさんあります。そのような方々に決まって僕がする自己紹介は、「学校で、政治とか経済などを教えていて…」とお伝えします。「政治かぁ。経済ねぇ。いやぁ〜。学校で習っていたときは、よくわからなかったし、今でも難しいですよね。」という反応ばかりが返ってきます。そんなものなのでしょう。僕は、声を大にして言いたい。「そんなことないですよ。難しく感じず学べるし、どんどん学んでいくと楽しかったり、気持ち良かったりしたりするものなのです！」と。ですから、本書では政治や経済をわかりやすく、意味があるように定義していきます。そして、その定義を使って、いろいろなことを学んでいきます。暗記するのではなくて！

暗記するのは、大変ですし、つらい作業と感じることもあるでしょう。でも、学ぶことは、意外と気持ちが良いものです。本書を読んでいくと、いろいろなことを学ぶことになると思います。考えて、考えて、考え抜いた結果、「〇〇をするべき、〇〇がしたい！」と何かの行動をとりたくなるように思うかもしれません。できる限り、諸君にそう思っていただきたいと願いながら、ペンを進めていきます。そうして、周りの大人たちを凌駕《りょうが》しちゃってくださいね。本書の本旨は、諸君の人生を変えてしまうことなのです。

それにしても、勉強などで暗記する作業は、ときどき嫌になることありませんか。あるよね～。

Q この本は、読み進めていくと政治や経済の勉強になるのですか？

ナイスな質問です。ズバリお答えしましょう。残念ながら、この本を読み続けても、政治や経済のテストの点数は急激に上がることはないでしょう。それを求めるのであれば、学校の教科書やわかりやすく書いてくれている参考書に頼るのが良いです。もちろん、勉強はとても大切なものですが、本書は諸君に勉強をして欲しいがために書いていません。諸君にお腹いっぱい、学んで欲しいがために書かれているのです。ここを読み続けてくださると、なぜ、本書のタイトルが「勉強する」ではなく「学ぶ」になっているのかに気づけます。それを紐《ひも》解くために、政治や経済を学ぶ前に、勉強と学びについて考えていきましょう。

諸君は、きちんと「勉強」と「学び」を区別できていますか。これらを区別できるようになって、社会へ巣立ったほうが良いです。これらがわかっていないと、勉強するとき、学ぶとき無駄な時間を費やすことになります。できる限り、若いうちに区別できるようにしましょう。何より、諸君が子を持つ親になった時、これらを区別できるとできないとでは、子育てに大きな差が生まれてしまいます。これらを理解したとき、目から鱗《うろこ》となること請け合いです。

勉強と学びはどう異なるのですか？

その答えは、難しくないです。僕が生徒や学生諸君に問うても、良い答えが返ってきます。ここは、じっくり考えてみてください。

さあ、考えたら、読み続けよう！僕なりに得た答えをお示しします。

①　勉強はゴールがある。学びはゴールがない。

諸君はどのような気持ちで勉強していますか。今までどのように勉強してきましたか。おそらく、「テストで百点満点をとりたい！」「〇〇高校や〇〇大学の入試に合格したい！」などという気持ちを抱いて勉強しませんか。そのような状況で、勉強に励んだことは誰でもありそうです。勉強には何かを達成するというゴールがあります。そう考えると、学びはちょっと異なりませんか。例えば、「偉人伝を読んで、勉強した」とは、あまり言いませんね。「偉人伝を読んで、たくさんの学びがあった」とは言いそうです。百点満点をねらって、偉人伝を読む人はいないはずです。これが理解できれば、学びが見えてきます。

②　勉強は覚えるもの。学びは考えるもの。

テストで百点満点をとるためには、漢字や英単語はたくさん覚えないといけないですね。覚えるもの、いわゆる暗記するものはたくさんありそうです。一方、偉人伝を読んで、一生懸命その人が生まれた日、生まれた場所などを暗記しようとする人は少ないでしょう。そんなことより、「このひとは、どうしてこんなに素晴らしいことができたのか」「自分でも、こんな素晴らしいことができるかもしれない」などと考えることでしょう。

学びとは考えることです。この学びは一人ではなく、友達や家族などともすることができます。人間は考えたことを話したり、語り合ったりすることもできるからです。

③　勉強は机上でするもの。学びはどこでもするもの。

勉強は一般的に机の上でしますね。教科書・ノート・問題集などを開いて取り組みます。電車の中でもそれらを開いて、熱心に勉強に取り組む生徒や学生諸君を見ると感心します。ですが、勉強の多くは、学校や自宅などの机の上で行いますね。一方、偉人伝はどこでも読むことができますし、さらに考えを深めようと友達や家族と語り合おうとすれば、机の上ではやりにくそうです。友達となら学校の帰り道、家族とならリビングルームのほうが気兼ねなく語れます。カップルなら車の中で語り合うこともあるでしょう。学びによって考えたことを深めようとすれば、一人で考え詰めることもいいですが、人間は周りの人間と語り合うことでさらに深めていくものです。
その時、場所は選びません。

④ **勉強はやらされるもの。学びは自らするもの。**

「勉強しなさい！」とお家の方に言われたことがある諸君はたくさんいるでしょう。「勉強をしっかりしないと、〇〇高校へは行けないよ！」とも、諸君の誰かが言われていそうです。勉強は時に、やらされるものなのですね。一方、学びによって考えることや、考えたことを誰かに話したくなる感情は、他人から押し付けられるものではありません。先生から課題を与えられて、あるいは書物からのメッセージを受け止めて、自ら考えていくものです。

自ら考えたことは周りの友たちと共有することもいいでしょう。新たな見方や考え方に出会えるかもしれません。

⑤ **勉強はつらいもの。学びは楽しいもの。**

勉強は時につらいですね。テスト一週間前くらいから大好きな部活動ができなくなったり、寝不足になったりと、「テストなんか、ないほうがいい！」と誰でも感じたことがありそうです。英単語を何十と覚えなければならないと、相当大変ですね。学びはどうでしょうか。考えることで、新しいモノの見方や考え方と出会うことができます。そんなこと

を友達と語り合ってみてください。十人十色とはよく言ったもので、いろいろな反応が返ってきます。それが、

再び新しいモノの見方や考え方を与えてくれるので、さまざまな発見によって、楽しくなること請け合いです。

僕の授業は、友達と楽しく学んで欲しいので、みんなで活発な議論になるようにしています。

⑥ **勉強は自分だけのもの。学びは分け合うもの。**

僕はこの⑥が一番、大好きです。勉強はやはり、一人でやるものですね。友達と一緒にやっていても、テストの結果は自分の頭の中から出てきたものしか点数化されません。孤独かもしれませんが、目標の高校に大学に合格するためには、自分で努力するしかないのです。一方、

学びはみんなで分け合うことができます。

「私の考えは、〇〇です」「私の考えは、△△です」「私なんかは、□□です」というように。そこから、新しいモノの見方や考え方を得ていくのです。私が子供のころの学校の授業は、先生が話していることを黙って聞いていて、黒板に書いていることなどをノートに書き写すというものが主流でした。私の中高生時代は、一言も話すことなく授業が終わることの

ほうが自然でした。せいぜい、授業が終わった休み時間に、仲の良い友達と考えたことを分け合うくらいでした。最近は、中学校や高校、大学でも議論などを取り入れたアクティブ・ラーニング型の授業をされている先生も増えてきているので、みんなで分け合うような授業を毎日、体験している生徒や学生諸君もいることでしょう。

学びはみんなで高め合っていくという、とても素晴らしいことなのです。

Q これからは、どんどん学びをやっていくべきということですか？

これからの教育は、学びがより重要視されてきます。諸君が主体的に学べるように、対話的に学べるようにと、国の教育政策に、それらが掲げられるようになったからです。ですから、これからの学校の授業は、先生が話すことより、諸君が話すことのほうが多くなっていくことでしょう。ということはコミュニケーション能力がとても大切になってきます。恥ずかしがり屋のあなた。「恥ずかしいから、周りの友達と話すのは苦手だなぁ」とは、言っていられない時代になります。周りの友達と話せないのであれば、授業に参加しないことを意味するくらいになります。その点に心構えが必要です。

また、決して勉強をおろそかにしてはいけません。しっかりと漢字や英単語を理解していること、それは学びの基礎・基本です。読み書きそろばんがきちんとできない人は、モノを考えたり、人と語り合ったりすることが難しくなるかもしれません。ですから、まずは、小学校・中学校では、しっかりと勉強もしておくことが肝心です。学校の先生方は、いろいろな工夫をしてくださりながら、授業を進めてくださるに違いありません。

もし、明日の授業で「学び」をさせてくれるのであれば、思い切りみんなに飛び込んでいきましょう。自分から自らの考えを伝えて、分け合いましょう。

勉強は、お家でもできますから。一人でコツコツとやっていけばよいのです。

Q 勝也先生、本当に学びは楽しいのでしょうか？

はい。学びは楽しいです。僕の教え子たちも、そのように話してくれています。先ほどもお話ししましたが、学びは一人ではなく、みんなで分け合えることが楽しくなる理由の一つです。一緒に学ぶ人たちの見方や考え方に触れることは、刺激的なことです。いろいろなことが吸収できるので、それは楽しいですよね。

学びが楽しい理由に、もう一つ大切なことがあります。それは、特に政治や経済を学ぶときに現れてきます。僕の授業では、政治や経済について、生徒や学生諸君に学んでもらっています。このとき、現代の社会における課題について、考えてもらうのです。それに対して、「ああしたほうがいい」「こうしたほうがいい」などと勢い良く発言し、議論してくれています。

さて、本書を読んでくれている生徒や学生諸君。彼らが現代の社会における課題について、勢い良く議論していることは、どんなことを意味しているでしょうか。ぜひ、諸君に直接、問いかけたいことです。難しいかな？どうでしょう。どんな意味があるか。意義があるか。僕から一言でお伝えしますね。それは、

〝未来を語っていること〟

ですよ。現代の社会、つまり、今、僕らが生きている世の中をどうしていくのかを考え、語っていることを意味しています。

〝どんな未来をつくっていくべきなのか〟

を友達と語れるなんて最高ではないですか。そんなの、楽しいに決まっている！

コラム

課題と問題

ここで一息。諸君、課題と問題は、キチンと使い分けできていますか？諸君にとっての

課題は、夏休みに出されるような課題（＝宿題）ととらえていませんか。ここではまったく違います。政治や経済で扱う課題とは、解決しなければならない問題のことです。現代の社会では、地球温暖化、世界的な貧困などなど、解決しなければならない問題が山積しています。それらの課題を僕らと諸君で解決していく必要があります。それが、課題。一方、問題は、広い意味合いがありますね。もちろん、課題も問題の一つと言えましょう。

Q 勝也先生、未来は明るいのですか？

必ず未来は明るくなります。そう言い切れます。なぜなら、本書を手に取ってくれている諸君がいるからです。

今、僕らが生きている社会には、解決していかなければならない問題としての課題が山積しています。そんな課題を解決しようと、総理大臣に国会議員、財界人など、ありとあらゆるリーダーたちが挑んでいます。「なぁ〜んだ。いろいろなリーダーが頑張っていても、現実として、そんなに課題は解決されていないではないか！」と感じましたか。確かに、現代社会において解決されていない課題はたくさんあります。日本の借金である国債の問題、拡大しつつある経済格差の問題、枚挙にいとまがないです。

そんなあらゆる課題を勝也先生の授業では、生徒同士、学生同士で活発に議論していきます。「こうしないとダメなのだ！」「ああしないとダメなのだ！」とさまざまな意見がぶつかり合って、かなり白熱します。

みんなが考えたこと、議論した内容は、みんなに向けて発表します。なぜなら、みんなで分け合うためです。これがまた、素晴らしい。みんなを唸《うな》らせるようなものがあれば、総理大臣になって実行したほうが良いのではないかというものまでできます。目を輝かせながら議論している諸君たち、自信をもって自らの考えを発表している諸君たちの様子を見ているたびに、いつもこう思います。

〝日本は、この子たちがいてくれれば、大丈夫だ！間違いない！〟

そうして、僕はいつも清々《すがすが》しい気持ちになるのです。彼らは必ず、日本のリーダーになっていく。もうすでに、日本のリーダーになっている者さえいる。彼らがいれば、諸君がいれば、未来は必ず明るくなる。そう信じています。

本書は、この本を手にしてくれた諸君を、また、一人のリーダーにするために、そして、未来を明るくしてもらうことも目的の一つとしています。

ぜひ、諸君は現代社会の課題に自ら挑むようなリーダーになってください。政治や経済を考えることで、そんなリーダーになっていただきます。学校の先生は、そんな願いを抱きながら、教壇に上がっているものです。勝也先生が教壇に立ち続けているワケも、そこにあるのです。

Q 日本のリーダーって、総理大臣レベルのことですか？

それもいいですね。僕は自分の教え子（計算してみると、ざっと6000人くらいいるようです）から、本当に総理大臣がでるのではないかと考えています。何人かの顔も浮かんできます。でも、みんなが総理大臣になれるわけではありません。だから、それぞれの分野でリーダーになって、社会を引っ張っていけばいいのです。諸君の多くがリーダーになって、グイグイとみなさんのために、社会のために目の前にある壁をブチ壊していってください。手前味噌ですが、僕もリーダーだと自負しています。僕は公民科（社会科）教育のリーダーと言えるかもしれません。なぜなら、同じ公民科の若手の先生方を指導したり、育成したりしています。学校教育における公民科教育界をけん引したいと本気で考えているのです。

諸君は、ぜひ、さまざまな分野で活躍してほしい！官庁の職員になって国民のために日本をけん引すればいい。会社を起こして、みんなが幸せになるようなサービスを提供すればいい。弁護士になって、困っている人に手を差し延べればいい。医者になって人を助けてあげればいい。

〝人を起こしてあげられる人はみんなリーダーだ！〟

学校の先生たちは、諸君にそんな人間になってほしいと心から願っているものです。社会科の先生は、実は社会科を教えたくて先生をしている人は少ないです。これからの社会を良くしたいからこそ、先生をしているのですよ。もちろん、僕もその一人です。諸君が社会を良くしてくれるに違いないと希望を持っているのです。頼みますよ！リーダー！

Q 勝也先生、そろそろ、政治や経済について、考えていかないのですか？

叱られていますね。前置きが長くてごめんなさい。政治や経済について語る時、どうしても、「学び」という概念が大切になると考えているので、時間をとらせていただきました。また、先生方がどんな想いで授業をしているのか、勝也先生がどんな願いをもって、本書と向き合っているのかを知っていただくために、僕のリーダー論を展開させていただきました。僕が授業を進めるとき、これらについては、政治や経済について関係性の薄いことかもしれませんが、比較的早い段階でいつもお話しさせていただいていることです。さあ、では、授業の始まり、始まり〜。楽しく一緒に学びましょう。

コラム　学校での学び

諸君は、現在、中学生？高校生？大学生？ひとつ、ここで覚えていただきたいこと。それは、大学が学問をするところであるということです。つまり、勉強ではなく、学びをするところです。大学での学問は、学者（教授や准教授）がそれぞれ専門の領域の学問について触れさせてくれることでしょう。その学者たちだって、答えを見出せない壮大な課題について、一緒に追究していくと考えてもいいかもしれません。大学の定期試験に、あまり穴埋め問題はありません。学びですから、絶対に答えがあるものではなく、さまざまな解を自論で述べていくスタイルが多いです。一方、中学校は、どうしても勉強の割合が多くなります。テストも、穴埋めや一問一答形式問題が多いですね。それは、物事を考えるときの基礎・基本となる知識が必要になるからです。熟語を知らないと、日本語で考えることさえできない。英単語を知らなければ、英語で考えることもできない。地球温暖化問題を解決したいとき、原因物質は二酸化炭素であり、最大の排出国が中国であることも知らなければならない。だから、中学校での勉強は、一番大変に感じるかもしれません。高校は、学びの割合が中学校よりは、増えてくることでしょう。でも、大学入試センター試験などは、知識を必要とする問題が多いため、勉強に集中せざるを得ない状況もあります。

そんなときです。大人たちも、知識ばかりを優先しがちな、これまでの大学入試では良くないとわかってきたのです。ですから、センター試験を改変して、国語と数学の問題から記述式の問題を導入するのですね。劇的な変革を期待するのは、難しいかもしれませんが、着実に学校教育に学びを増やしていこうとしています。大人たちは、大学入試を改革して、高校の教育、授業を変えていこうとしています。

変革に挑んでいるとき、不安はつきものです。「入試がどうなるのか?」「自分は、キチンと大学に行けるのか?」「なんで、自分のときに変革するの~?」と感じている人もいるかもしれません。これからの日本、これからの社会を良くするためのステップなのです。

第2章　政治しよう！

Q 勝也先生、「政治しよう!」って、正しい日本語になっていませんよ!

まったくもって、そうですね。これは僕の造語になります。ときどき僕の授業でこのように言うことがあります。まずは前提として、「政治」をしっかりと理解する必要がありますね。諸君は政治と言ったら、どのような意味があると考えますか。これを教室で先生に問われて、さらっと答えられた人は皆無に近い。もし、君が答えられたら素晴らしい。僕の教え子たちは、「ニュースで話しているような…」「国会が関係しているような…」「政治家がやっている…」といったような反応が返ってきます。みんなの気持ちはほぼ一緒で、わかっていそうで説明できない。本章の目的は、諸君がしっかりと政治とは何かと、理解して、政治について考えられるようになることです。

Q では、政治はどのようにとらえれば、良いのですか?

その答えは、ゲームを一緒にしながら、考えてみませんか。ゲームで、考えられたら楽しそうです。政治について考える授業は、通常、たくさんのクラスメイトと一緒に取り組んでもらっています。しかし、さすがにこの本と共に、大人数で授業をするには無理があります。ですから、僕と二人で対戦しよう。そうそう、大切な点がありました。釈迦に説法ですが。諸君、ゲームですから、勝ちたいものですね。さあ、始まり、始まり〜。

Q どんなゲームですか？

次のような状況を設定します。諸君も僕も、ある村の村人になりましょう。山のふもとで、一生懸命に農作業をしている村人です。ですから、仕事をするなら、ビシッと決まったスーツ姿と考えてしまう諸君が多いかもしれませんが、そうではありません。ジャージ姿など動きやすい服装で、田畑で働く人になっていただきます。青く高い空の下、緑一面の山に囲まれ、川や用水路が流れているような場所にいます。心が清々《すがすが》しくなるような田園風景をイメージしましょう。そして、諸君も僕も農業で生計を立てているのです。農業と言ったら、川や用水路に流れる水が大切ですね。もし、水がなければ、どんなに一生懸命に農作業をしたとしても、農作物は枯れてしまいます。農作物が育たないということは、諸君も僕も、農作物を手に入れることができず、生活が成り立ちそうにありません。それでは、困ります。ですから、諸君と僕とで、うまく農作物のための水をどう確保していく

図1 ゲームのイメージ

水が豊富に流れている！たくさん作物をつくれば、大儲けだ！
川の整備費用に、お金がかかるのか。出費は痛いなぁ。
この川、整備しないと、水の流れが悪くなるんだ！整備費用はどうしようか。
（良いこと思いついた！）整備費用は、諸君に出させれば良いんだ！
諸君の住む村
勝也先生の住む村

か、ゲームをしながら考えていきます。

さて、図1に注目してください。諸君がいる場所と勝也先生がいる場所の間には、川のような用水路が流れています。この用水路に流れる水をそれぞれが田畑に引き込みながら、農作業をしています。しかし、この用水路は、定期的に流木やゴミなどを片付けたり、清掃したりしないと、上手く水が流れません。近年、話題となるゲリラ豪雨に襲われると大きな被害が予想されているので、護岸工事なども計画的に進めていかなければなりません。

さあ、そのために諸君と僕でお金を出し合って清掃や護岸工事を進めて、毎年、上手く水が流れるようにしていきましょう。だって、水が流れなくなったら、農作物が作れなくなり、食べるものが得られず、死んでしまうかもしれません。

Q ゲーム上であれば、仮想的なお金を出し合うことくらい簡単なのでは？

本当のお金、現金を出し合うことはありません。ですが、このゲームでは諸君と僕でどのように行動するかで、表1のような損益が発生するのです。ですから、仮想的なもので

表１　ゲームでの獲得金額

○＝お金を出（出費）して、用水路の工事をする
×＝お金を出さない（相手にお金を出させたい！?）

①のケースは、諸君も勝也先生も用水路の工事にお金を出す（出費する）ことです。お金を出すのは確かに痛いが豊作に恵まれることによって、結果的にはプラスになって 200 万円を得る！

②のケースは、諸君も勝也先生も用水路の工事にお金を出さないことです。お金を出すのは確かに痛いですよね。ほかに買い物もできますし。結果的としては、何も得られないとして０万円！

	①のケース	②のケース	③のケース	④のケース
諸　君	○＋200 万円	×　0 万円	○-150 万円	×+350 万円
勝也先生	○＋200 万円	×　0 万円	×＋350 万円	○-150 万円

③のケースは、諸君は用水路の工事にお金を出す（出費する）としたのに、勝也先生は、裏切ってお金を出しませんでした。結果的に諸君は赤字となり、勝也先生は、労せずしてプラスになった！

④のケースは、勝也先生は用水路の工事にお金を出す（出費する）としたのに、諸君は裏切ってお金を出しませんでした。結果的に勝也先生は赤字となり、諸君は労せずしてプラスになった！

すが、そんなに簡単にお金は出せないと思います。つまり、お互いがそれぞれ出資した金額と農作物の売上額の合計を計算したとき、必ずしもプラスになるとは限らない状況になっています。これについて説明をしますから、表１に注目してください。

Q 表にある○と×は、何を意味しているのですか？

○は、お金を出して、清掃や護岸工事をすることを意味しています。清掃や護岸工事が進むことで、いつでも豊富な水が流れるようになるのでしょう。そうなれば、たくさんの作物が実って市場で売りさえすれば、大きな利益も期待できます。一方、×は、お金を出して、清掃や護岸工事をしないことを意味しています。（お金は、自分ではなく、相手がだせばよいと考えているのかも！？）清掃や護岸工事が進められないことで、しっかりと水が流れなくなってしまうこともあるのでしょう。そうなれば、作物の実りが悪くなって、市場で売ることもできなくなり、利益は期待できなくなるかもしれません。でも、お金を出さないで済むという利点があることはありますね。これがポイントかなぁ〜？

Q では、○を出せば良いではないですか？

そうでしょうか。鋭い諸君は、気づいてしまっているな～。そうは問屋が卸さない。さあ、表1の①～④のケースを一緒に分析していきましょう。

①のケースです。これは、諸君と僕でお互いに○を選択したことでの結果です。お金を出すことは出費ですから、痛いことかもしれません。でも、確実に豊富な水が流れ続けてくれることでしょう。諸君も僕も、その水を活用して、一生懸命に農作業に励み、たくさんの作物を収穫することができますね。ここでは、出費した以上に作物の売り上げが伸びるため、

〝諸君と僕の両者ともプラス200万円ずつ獲得します。しっかりと、お互いに協力ができた〟

とも言えます。

では、次の②のケースです。これは、諸君と僕でお互いに×を選択したことでの結果です。お金を出さないことは出費がないので、痛くもかゆくもないです。しかし、少しずつゴミがたまって水の流れを悪くしてしまうことにつながります。また、しっかりとした護

岸工事も進められなくなり、ゲリラ豪雨などにでも襲われたら、氾濫などが起きて農作物を作るどころではなくなります。ここでは複雑化を避けるために、出費がない代わりに、収穫もそれほどないとして、

〝諸君と僕の両者ともプラスマイナス0万円とします。しっかりと、お互いに協力ができなかった〟

から、仕方ないです。

Q ③と④のケースは、どんなことを意味するのでしょうか？

③と④のケースがこのゲームの肝なのです。まずは、③のケースを確認しましょう。これは、諸君は○を出してくれたのに、僕は×を出しているという選択したことでの結果です。つまり、諸君は農作物の収穫が増えるようにと、出費を覚悟してでもお金を出してくれたのに、勝也先生はお金を出さなかったということです。勝也先生は非協力的で、協力しようとしてくれた諸君を裏切ったことになりますね。このケースでの清掃や護岸工事は、諸君が出費してくれたお金で多少は進められそうです。ですので、水は豊富ではないかもしれませんが、流れ続けてくれます。しかし、いかんせん、出費が痛すぎます。

〝農作物の売り上げより出費のほうが伸びてしまい、諸君はマイナス150万円となってしまいます。〟

これは、悲しい。一方の勝也先生。僕は出費がないので、痛くもかゆくもありません。(ごめんなさい。) そのうえです。水は、基本的にずっと流れているものでもあります。ずる賢い勝也先生は、諸君が寝ている間に、コッソリと自分の田畑に水を引き込んでも、バレないことを知っているのです。(ズルいですね~。)

〝労せずして(無料で)、大切な水をゲットしてしまい、かつ、ある程度の農作物も育てられる勝也先生はプラス350万円を獲得します。〟

これは、僕としてはうれしいですが、かなりズルい(汗)。まあ、ゲームですから。勝也先生を恨まないでください(笑)。

諸君なら、④のケースの説明はいらないでしょう。諸君と勝也先生が入れ替わっただけです。今度は、僕が悲しい想いをして、諸君がズルい汗をかくわけです。③のケースと正反対です。表1の見方が理解出来たら、さっそくゲームに入りましょうか。

Q では、自分自身(一人)で○か×のどちらを出すかを決めればいいですか?

はい。そうです。さあ、始めよう！僕がやっている授業では、クラスにいる例えば、男子グループと女子グループのように、二手に分かれて○か×かのどちらを出すかをそれぞれに話し合って決めてもらっています。今回この場所では、諸君というあなた一人と勝也先生の二人きりなので、お互いに自分自身で考えながら、決めていきましょう。

あれ？大事なルールを一つ、お伝えすることを忘れていました！すみません。図2を見てください。実は、諸君と僕は、その川のような用水路をまたいで生活していますね。その上、近くに橋もかかっていないので、簡単に会うことはできません。ですから、相手とまったく○を出すか、×を出すかを相談できません。本当であれば、相手が○を出すのか、×を出すのかは知りたいところです。しかし、清掃や護岸工事を請け負ってくれる業者さん（諸君と僕以外のとある架空の第三者がいると思ってください）に○を出すか、×を出すかをお伝えするだけです。つまり、相手が○を出すか、×を出すかわからずして、自分が○を出すか、×を出すか決めてください。僕らが決めた○か×かは、とある業者さんだけが知り得て、出資された金額に則《のっと》って、清掃や護岸工事をしてくれます。両者が○ならしっかり作業をしてくれて水が豊富に流れるでしょうが、両者が×ならば、お金を受け取れないので、作業をしてくれるわけがありません。片方が○なら、ある程度のお金を受け取れるので、その分だけの作業はしてくれます。そのおかげで、ある程度の水は流れてく

図2 ゲームでの大事な条件

れるということです（自分だけが×を出したとしても、コッソリと、夜中に水を引き込んでしまいましょう。どうせ、水は流れ続けているものですから、相手に文句を言われたとしたら、夜中に大雨が降ったから、水が得られたよ！などとごまかしちゃいましょう（笑））

改めて、考えていただきたいのですが、このゲーム。相手が○か×かどちらかを出すかわかっていたら、面白くありません。勝也先生が○を出すか？×を出すか？（相手の出方）がわからないから、ゲームとして成立します。よく授業中に、相手と相談させてほしいという要望を受けるのですが、それを理由にお断りしています。

Q いよいよ、キックオフですね！？

ゲーム、スタート！このゲームは、お互いに何回か○か×を出し合います。では、諸君はまず第一回目の、○（お金を出して、清掃や護岸工事をする）か×（お金を出さず、清掃や護岸工事をしない）かを決めてください。次のページに勝也先生の出方（○か×か）が記されていますから、それを見ないで決めてくださいね。

さあ、○か×かを決めたら、思い切ってページをめくってみましょう。さあ、はい！

勝也先生、第一回目は、○をだします！

諸君が だしたもの	勝也先生が だしたもの	表１での ケース	表１による 諸君の 獲得金額	表１による 勝也先生の 獲得金額
○	○	①のケース	○＋200 万円	○＋200 万円
×		④のケース	×＋350 万円	○ - 150 万円

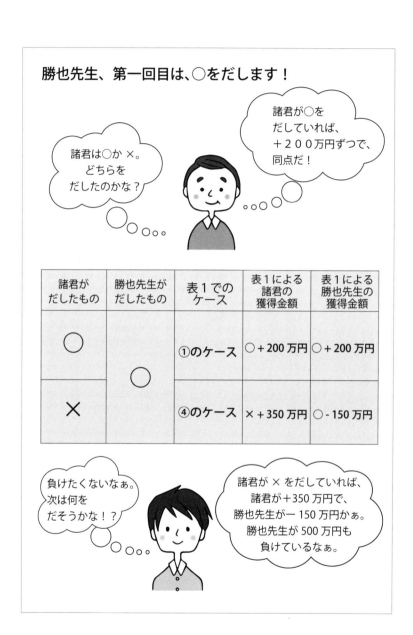

勝也先生は、〇でした。諸君は何を出したでしょうか？人によって異なりますね。よって、それぞれで諸君と勝也先生が獲得する金額を確認してください。諸君の中で、〇を出した人、手を挙げて！はい。そうなると、お互い〇になりますから、表1の①のケースに該当します。諸君は200万円獲得して、勝也先生も200万円を獲得します。一方、×を出した人、手を挙げて！はい。そうなると、表1の④のケースに該当します。諸君は350万円を獲得して、勝也先生はマイナス150万円となります。確認をしますと、諸君の中で、〇を出した人は同点ですね。×を出した人は500万円のリードで勝っていますね。勝也先生はピンチです。

第二回目もやりますか？

はい。もちろん。さあ、諸君、第二回目に何を出すか決めてください。勝也先生は、すでに何を出すかは、すでに決めています。どちらだと、思いますか？まだ、次のページをめくってはいけませんよ。でも、〇か×かを決めたら、思い切ってページをめくってみましょう。

さあ、はい！

勝也先生、第二回目も、○をだします！

諸君が第一回目にだしたもの	諸君の第一回目の獲得金額	諸君が第二回目にだしたもの	勝也先生が第二回目にだしたもの	表１でのケース	表１による諸君の獲得金額	第二回目までの諸君の獲得金額	第二回目までの勝也先生の獲得金額
○	○ ＋200万円	○	○	①のケース	○ ＋200万円	(200万＋200万) ＋400万円	(200万＋200万) ＋400万円
		×		④のケース	× ＋350万円	(200万＋350万) ＋550万円	(-150万＋200万) ＋50万円
×	× ＋350万円	○		①のケース	○ ＋200万円	(350万＋200万) ＋550万円	(200万-150万) ＋50万円
		×		④のケース	× ＋350万円	(350万＋350万) ＋700万円	(-150万-150万) -300万円

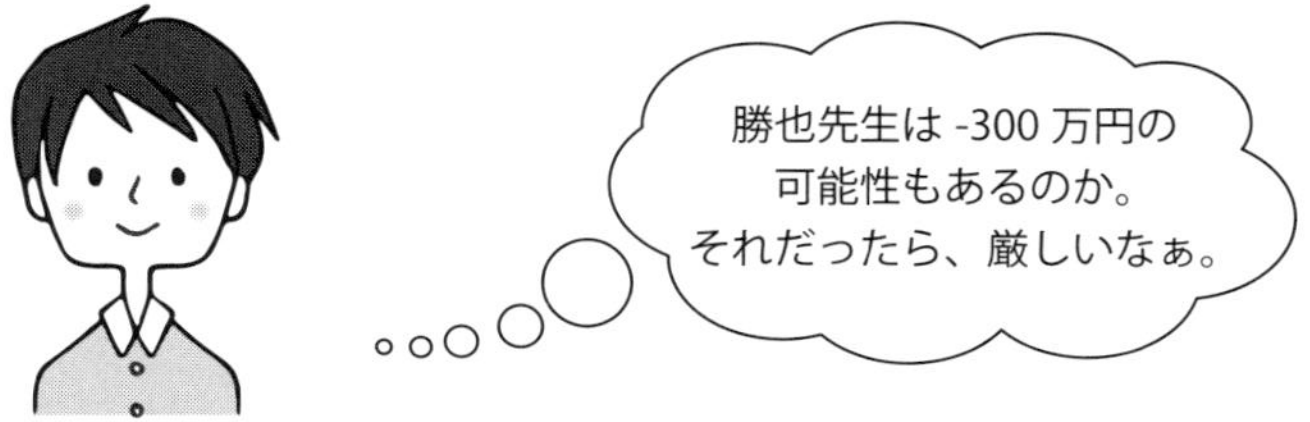

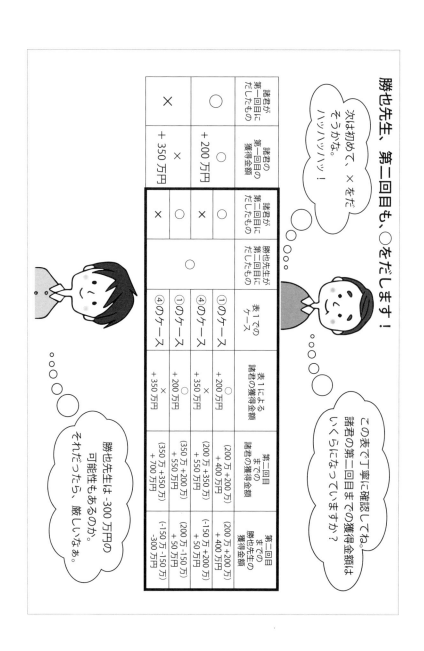

勝也先生は、再び○でした。諸君は何を出したでしょうか？人によって異なりますね。よって、それぞれで諸君と勝也先生が獲得する金額を確認してください。第一回目と同じですから、○を出した人は、①のケースに該当して、諸君は200万円獲得して、勝也先生も200万円を獲得します。一方、×を出した人は、④のケースに該当して、諸君は350万円を獲得して、勝也先生はマイナス150万円となります。

となると、第二回目までの合計金額を確認しましょう。諸君の中で、第一回目も第二回目も○を出した人は同点で、お互いに400万円ですね。どちらかで×を出した人は諸君が550万円で勝也先生が50万なので、諸君のリードです。2回とも×を出した人は、すごいですね。諸君が700万円で勝也先生はマイナス300万円になってしまいました。実に1000万円の差が発生して、勝也先生は大ピンチです。

第三回目もやりますか？

はい。第三回目を最後としましょうか。はい、勝也先生、決めました。皆さんも決めましたか？さあ、○か×かを決めたら、思い切ってページをめくってみましょう。

さあ、はい！

勝也先生、第三回目も、○をだします！

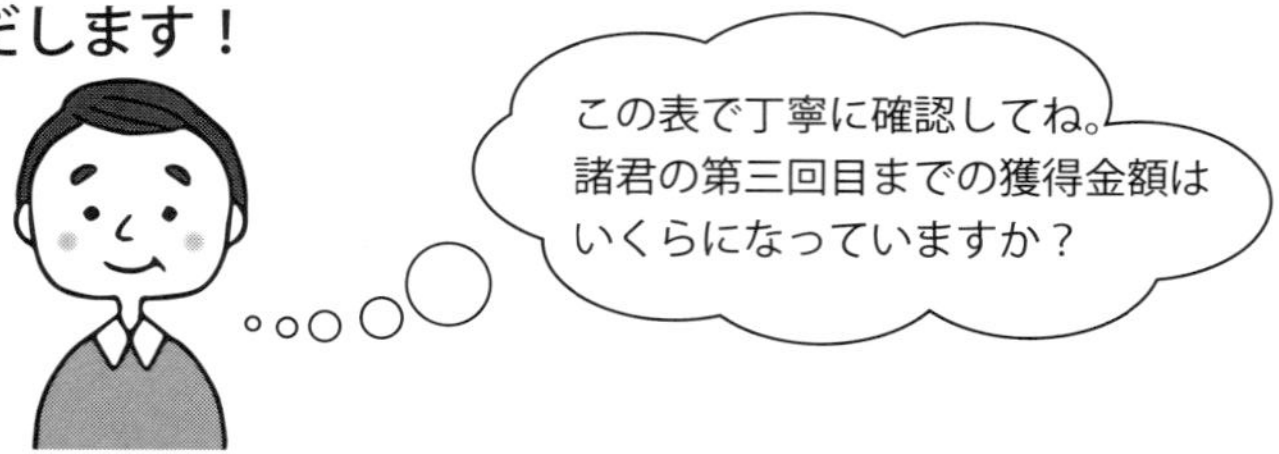
この表で丁寧に確認してね。
諸君の第三回目までの獲得金額は
いくらになっていますか？

諸君が第一回目にだしたもの	諸君の第一回目の獲得金額	諸君が第二回目にだしたもの	第二回目までの諸君の獲得金額	諸君が第三回目にだしたもの	勝也先生が第三回目にだしたもの	表１でのケース	表１による諸君の獲得金額	第三回目までの諸君の獲得金額	第三回目までの勝也先生の獲得金額
○	○ ＋200万円	○	＋400万円	○	○	①のケース	○ ＋200万円	(400万＋200万) ＋600万円	(400万＋200万) ＋600万円
				×		④のケース	× ＋350万円	(400万＋350万) ＋750万円	(400万－150万) ＋250万円
		×	＋550万円	○		①のケース	○ ＋200万円	(550万＋200万) ＋750万円	(＋50万＋200万) ＋250万円
				×		④のケース	× ＋350万円	(550万＋350万) ＋900万円	(＋50万－150万) -100万円
×	× ＋350万円	○	＋550万円	○		①のケース	○ ＋200万円	(550万＋200万) ＋750万円	(＋50万＋200万) ＋250万円
				×		④のケース	× ＋350万円	(550万＋350万) ＋900万円	(＋50万－150万) -100万円
		×	＋700万円	○		①のケース	○ ＋200万円	(700万＋200万) ＋900万円	(-300万＋200万) -100万円
				×		④のケース	× ＋350万円	(700万＋350万) ＋1050万円	(-300万－150万) -450万円

勝也先生は、なんと！三度〇でした。諸君は何を出したでしょうか？

ここからは、いろいろなケースがあるので、事細かに見ていくことは避けますが、諸君が×を出した回数がポイントになるので、その点から見ていきましょう。

諸君の中で、三回のうち一回も×を出さなかった（すべて〇を出した）人、手を挙げて！はい。お互いに６００万円ずつ獲得して、同点ですね。

一回だけ×を出した人、手を挙げて！諸君が７５０万円獲得して、勝也先生は２５０万円獲得です。勝也先生の負けですね。

二回×を出した人、手を挙げて！諸君が９００万円獲得です。すごいですね。

一方、勝也先生はマイナス１００万です。マイナスはちょっとめげてしまいますね。

さあさあ、三回ともすべて×を出した人、手を挙げて！諸君はなんと、１０５０万円の獲得です。すごいですね。でも、勝也先生はマイナス４５０万円です。あまりに勝也先生がかわいそうだと感じてくれているでしょうか（笑）

次の表２で確認しましょうか。

表2 ゲームの結果

諸君が第一回目にだしたもの	勝也先生が第一回目にだしたもの	諸君が第二回目にだしたもの	勝也先生が第二回目にだしたもの	諸君が第三回目にだしたもの	勝也先生が第三回目にだしたもの	第三回目までの諸君の獲得金額	第三回目までの勝也先生の獲得金額	諸君がだした × の回数	勝也先生がだした × の回数
○	○	○	○	○	○	＋600 万円	＋600 万円	0 回	0 回
				×		＋750 万円	＋250 万円	1 回	0 回
		×		○		＋750 万円	＋250 万円	1 回	0 回
				×		＋900 万円	－100 万円	2 回	0 回
×		○		○		＋750 万円	＋250 万円	1 回	0 回
				×		＋900 万円	－100 万円	2 回	0 回
		×		○		＋900 万円	－100 万円	2 回	0 回
				×		＋1050 万円	－450 万円	3 回	0 回

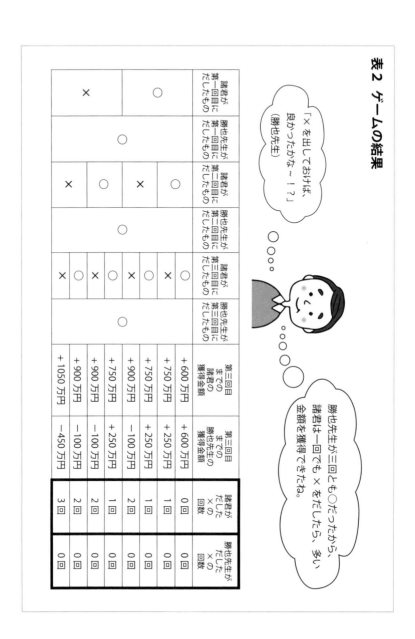

Q なぜ、勝也先生はずっと、負けるかもしれない○を出し続けたのですか？

やはり、諸君に政治とは何かを考えて欲しかったからです。勝也先生も皆さんと変わらない人間なので、一回くらいは×を出して、大きな利益をねらいたいとは考えていたと思います。しかし、諸君を裏切りたくないという理由ではなく、政治とは何かを吟味《ぎんみ》してもらうために、あえて、○を出し続けたのです。

ここで、諸君には大ピンチに陥ってしまった勝也先生の心情を想像して欲しいのです。難しくはないでしょう。×を出された勝也先生は、こう感じるわけです。「こら、お主《ぬし》、裏切ったなぁ！諸君！許さないぞ！」と。おそらく、諸君と勝也先生の間で、ケンカや対立が生じてもおかしくありません。今回は、川を隔《へだ》てる村同士で考えましたが、国と国の関係だったら、戦争という選択肢になっていたかもしれません。

頭の良い諸君は、すぐにわかりましたね。お互いに○を出し続ければ、いつまでも同点のままいって、仲は悪くはならないと思うのですが、×を出された瞬間、ケンカや戦争が始まってしまう可能性が出てくるのです。本当はすべて○を出すべきなのでしょうが、人間ですから、×を出すこともあり得ますね。このような事実があることを理解したら、人間社会に生きる僕たちが考えなくてはならないことがたくさんありそうなので、一緒に考えていきませんか。

Q どのように考えていけばいいのでしょうか。

そうだね。まずは、高校の教科書には必ず出ているホッブズ（Thomas Hobbes 1588〜1679）から教えてもらおう。彼は有名な著書『リヴァイアサン』において、どのように国家を創っていくべきかを説いた人です。ここでは、彼の有名なフレーズ「万人の万人に対する闘争」に注目していこう。これは、人間のありさまを巧みに表現したものです。人間社会では、相互不信の条件が整ってしまうと、欲しいものを獲得しようとして、「人間は人間に対してオオカミになる」というのです。兄弟で分け合うケーキも、ほんの少しの大きい小さいというだけでケンカは起きますね。自分の彼女にちょっかいを出されたと感じたら、親友と対立してしまうこともあり得ますね。先ほどのゲームでは、「こちらは○を出したのに、あいつは×を出してきやがった！裏切りやがったな！許せない！」という具合でしょうか。

このゲームは、これまでに学校の教室で数多く実践してきたのですが、面白いことに毎回、対立が生じます。教室を二手に分けて、生徒や学生たちに○か×かを考えさせるのですが、それらの結果の発表は勝也先生が行います。「○です！」というと、「お〜〜っ」というため息と安心感が一気に教室中に広がります。しかし、どちらかが、×を出した瞬間、「こら！」「おい！」「ふざけるな！」というような激しい表現が飛び交い、一気に険悪なムードになっていきます。諸君は、勝也先生がわざとこのように仕向けていることに気づいていることでしょう。

Q 本章は、「政治しよう！」がテーマでしたよね！？

そうでしたね。ここまで来たら、諸君は政治を完全に理解したのも同然です。嘘だともったら、学校にある教科書を開けてみるといい。政治とは、どのように説明されていますか。中学校社会科公民分野の教科書では、次のように書いています。「人々が集まって社会生活を送るなかで、多くの要望や考え方が出てきます。これらを、効率や公正・正義を考えて調整し、ルールを定めて争いを最小限におさえながら合意を導き、ものごとが正しく、順調に進んでいくようにする一連のはたらきを政治とよんでいます。」（中学校社会科教科用図書『新編新しいみんなの公民』育鵬社　高橋勝也他）また、高等学校公民科の教科書では、「私たちは集団生活を営み、社会をつくって生きている。社会生活のなかでは、人々の意見がくいちがい利害の対立が生まれることもある。そのときたがいの利害を調整し、対立を解消することが必要となる。このはたらきを政治という。」（高等学校公民科教科用図書『高等学校現代社会　一人ひとりが考える自分・社会・世界　新訂版』清水書院　高橋勝也他）政治とは、基礎的・基本的な概念なのですね。中学校でも高校でも、それほど変わらない表現で説明していることがわかります。諸君はゲームによって、他者と対立することを体感して、その対立を調整する必要性も感じたはずです。今回のゲームで、仮に「一回、一回、お互いに相談しながら、〇を出し合いましょうね！」とできれば、対立は絶対に避けられましたね。人間社会では、話し合いがとても大切ですが、理由はここにありそうです。

僕の言う

〝「政治しよう！」とは、「僕らが生活しているありとあらゆる場所での対立を何とか調整して、みんなが幸せになる社会を考えていきましょう。実現していきましょう。」〟というものです。諸君、これって、とても良いことだと思いませんか。ケンカ、対立、戦争が好きな人はいない。

事前にどのようなルールを作っておけば、ケンカにならないで済むのか。もし、望まずして対立が生じてしまったら、どのように解決していけばいいのか。それらを考え、行動していくことこそ、「政治しよう！」なのです。

政治というと、難しくて、敬遠したくなる人は、大人でもたくさんいますが、実は、とても気持ちの良いものなのです。

僕が先生という経験で得た間違いないこと。それは、みんな、間違ったことは嫌いで、正しいことが好きなのです。

政治とは、誰も間違えてはいなくとも、ちょっとしたボタンの掛け違いで生じてしまったトラブルや対立を、正しい方向へ向けていこうとすることでもあるのです。皆さんが毎日、学校や教室でもやっていることでもあるのです。

Q えっ？政治が、学校や教室で行われているとは、信じられません！

わかりやすい例で考えれば、良いのです。諸君のなかには、部活動に所属している人も多いことでしょう。野球部・サッカー部・ラグビー部などのグラウンドで活動する部活動で考えましょうか。次のような仮の条件を設定すると面白く考えられそうです。

学校にはグラウンドが一つしかありません。どの部活動も、少しでも多くグラウンドで練習したいと考えています。また、生徒総会で承認された予算額は、野球部・サッカー部・ラグビー部の三つで120万円です。三つの部活動で、効率的かつ公平に活動場所と活動資金を配分しなければなりません。さあ、どうしましょうか。

まさしく、これが、政治と言えましょう。だって、どの部活動だって、できる限り多くグラウンドを使いたいでしょうし、予算もたくさんほしいはずです。だから、調整する必要があります。

三つの部活動で合意するために、各部のキャプテン・副キャプテン・マネージャーが調整会議に出席することにします。仲良く、話し合えば、うまく調整できそうな気もしますが、これから説明する状況が、調整会議を難しくすることがわかってきました。

さてさて、ぜひ、学んでいきましょう。一人で考えていたらもったいないです。近くにいる友達や家族に協力してもらって、学ぶのです。いろいろな人と話し合ったり、議論したりすることで、第1章でお話ししたコミュニケーションを通じてみんなで分け合うことを、ぜひ、やってみてください。次に、三つの部活動の状況を、もう少し詳しく説明していきます。状況が飲み込めたら、誰かと議論をしてほしいです。

みんなで学べば、楽しいこと請け合いです

Q どのような状況でしょうか？

現実によくあるようなことで状況を設定してみます。三つの部活動の様子は、どうやら大きく異なるようです。

① 野球部　甲子園出場経験なし、近年、県大会初戦敗退が続く　部員150名
② サッカー部　全国選手権出場経験あり、県大会上位組　部員100名
③ ラグビー部　花園出場の常連、全国制覇も多数で連覇の期待　部員50名

わかりやすいですね。ラグビー部が強豪で、野球部が弱小です。しかし、部員数は野球部が圧倒的に多い。予算については、生徒や学生諸君は、実態を知らない人が多いかもしれません。通常、部活動予算は学校からはでないので、保護者が納める会費などから徴収したものが充《あ》てられています。ですから、本来であれば部員数（＝保護者数）の多いところに多くの金額が、少ないところには少ない金額が配分されるべきとも言えます。しかし、全国制覇の常連ラグビー部は、大会参加のための遠征費用もかさばりそうです。その点を考慮すると、単純に各部の部員数に比例した配分（野球部60万円・サッカー部40万円・ラグビー部20万円、計120万円）が適正なものであるかを考える必要がありそうです。

また、グラウンドの配分もどうするべきでしょうか。部員数に比例した配分にしてしまうと、野球部3日・サッカー部2日・ラグビー部1日（月曜～土曜の週6日間の配分として）となります。これでは、ラグビー部から、何とかしてほしいという要望がでてきそうです。が、野球部も150名を抱えるマンモス部活動ですし、何としても甲子園出場を目指して活動を強化したいところ、要望のすべてを受け入れられそうにありません。

となれば、ケンカはいけませんが、対立は必至です。調整会議は長くなりそうです。そんな時、諸君は生徒会役員として、調整会議の議長に指名されました。腕の見せ所ですね。どう調整するか、見せていただきたいです。もし、周りの人たちと、望ましい解決方法が見いだせましたら、メールなどでお知らせくださいね。僕は、これまでに数多くの生徒や学生諸君の議論を見届けてきましたが、奇想天外な考え方があるかもしれません。楽しみにしています。

コラム

霞が関の予算折衝

霞が関は、東京の中心部。周辺には、国会議事堂・首相官邸・最高裁判所があり、いわゆる三権（立法権・行政権・司法権）の長が集結しているような場所です。霞が関には、日本のお役所も、結集しています。内閣府・総務省・法務省・外務省・財務省・経済産業省・国土交通省・農林水産省・文部科学省・厚生労働省・環境省・防衛省などの省庁が勢揃いしています。これらの省庁には、特に順位付けはされていません。しかし、強力な権限があるとされているのが、財務省です。なぜなら、各省の予算決定に関する権限を握っているからです。各省の予算原案は、財務省から内示されます。もう、諸君、お気付きですね。すべての省庁の要求が認められることはないでしょう。国家予算には限りがあります。そのとき、各省庁が認められなかった要求分を、何とか復活させようと折衝（問題解決のための話し合い）をするのです。当然、対立する場面は多々、あることでしょう。財務省は、この点で、リードしていると見ることができますが、すべての省庁と公正に接して、公平に予算を配分するという使命が課されているのです。

Q 政治って、地域などの身近なものでも考えられそうですね！？

そうです。ニュースで見るようなものであれば、ある国とある国が対立しているような事例を聞いたこともあるでしょう。これは国際政治といいます。日本国内でも、ある人たちと別の人たちが対立しているようなものもありますね。これは国内政治といいます。と考えれば、諸君の自宅がある地域社会でも、政治はありそうです。例えば、「ごみ処理施設をここに建設するのは反対！」「そのような施設はこちらに建設するのも反対！」「はては、では、どこに建設するべきか…」といったものです。このような問題は、選挙で選ばれた市区町村長や市区町村議員が中心となって、諸君の保護者でもあろう地域住民も加わり、一体となって取り組んでいるケースが多いです。これらは、地方自治といって、学校の授業でも関連することを教えていただいていることでしょう。

と考えると、政治は家庭内でもあります。限られたお金と時間をどのように使うべきか！？で対立はありそうです。お父さんは、日頃の疲れを癒《いや》すための温泉旅行。お母さんは、忙しくてなかなか行けなかった買い物。お姉さんは、何時間も行列を並んでも食べたいスイーツ店。僕は…。といった感じです。世界２００か国で起こっている問題と諸君の家庭内で起きていることが共に政治と考えると、不思議ではありませんか。この感覚がつかめれば、いろいろなところで起きている政治というものがとても分かりやすくなって、いつでも、どこでも「政治しよう！」ができるようになってきます。

政治は、なかなか一言で言い表しにくいとも言われていますが、これらで十二分なのです。さらに平たく言えば、

〝政治＝世の中にある対立を調整して、秩序を築いていくこと〟なのです。諸君がテレビや新聞で見るような政治の問題のほとんども、これで説明できるようになります。

コラム

ＮＩＭＢＹとは！？

近年、ＮＩＭＢＹが注目されています。これは、〝Ｎｏｔ Ｉｎ Ｍｙ Ｂａｃｋ Ｙａｒｄ〟の略語で、「私の家の裏庭にはやめて！」という意味があります。ある施設の必要性がわかっているものの、自分の居住地域には建設してほしくないという主張や態度のことです。

さまざまな施設に関して話題になりますが、衛生面や環境への影響から、清掃工場、下水処理場、火葬場、原子力発電所、空港などが上がってきます。これらの施設の多くは、私たちの日常生活で、必要不可欠なものですから、施設が快適な生活に役立つよう、住民相互でコミュニケーションを図り、理解や合意を得られるような体制が求められていることは言うまでもありません。

Q 政治は、恋とか愛とかが関係していますか？

諸君はどのようにとらえましたか？国家同士の対立では恋とか愛とかの関係性を感じにくいかもしれません。しかし、僕らに身近になればなるほど、恋とか愛とか関係してきそうです。先ほどの家庭内の問題も、みんながもっている家族への愛情で、解決できそうです。「みんなやりたいことが違うのか。困ったな〜。」でも、みんなで話し合った結果、「お父さんのために温泉に行こう！」「お母さんのためにショッピングモールへ行こう！」「お姉さんのためにスイーツ店の行列に一緒に並ぼう！」となっていくのでしょう。みんなが欲するものが異なるので、その調整をしているのですね。（そんなように考えれば、諸君は、毎日、政治をしているとも言えるわけです！）みんなで行くことで、楽しい家族イベントになるのでしょうね。家族＝愛かもしれません。

政治について考えるための先ほどのゲームでは、感じやすかったのでは！？本来ならば、お互いに○を出し合い続けて、お互いに利益を得ていけば良かったと考えることはできます。しかし、

自分だけ利益を得ようとしてしまう、人間とは弱い、そして、他人へは意地悪な存在と

も言えるでしょう。「他人の不幸は蜜の味」という言葉があるくらいで、脳科学的にもそれらのことは証明されていると言われています。

相手への愛情と信頼をもって、思い切って○を出し続ければ、両者とも幸せになれたのかもしれない。問題の解決は一筋縄ではいかないと、勝也先生もわかってはいます。でも、政治的な対立のそのほとんどが、愛情さえあれば、解決できるものではないでしょうか。そんなことを抱いているのは、良くないことでしょうか。そんなことを考えながら、前へ進めていきましょう。

コラム 最近、気になる、男子の行動

勝也先生が、本ゲームを活用して授業をするようになったのは、10年以上も前のこと。この授業は、評判が良かったので、すべてのクラスで実施するようにしました。クラスを2つの村に分けるには、男子グループと女子グループに分けるのが簡単でしたので、そのように分けています。ざっと、計算してもこれまで150クラスぐらいやったことのある教材です。

この教材を始めた勝也先生が若かったころ、不思議だったのは、○をたくさん出して、（女

子グループに×を出されて）裏切られてしまうのは、大概、男子グループだったのです。「男子って、単細胞だけれど、純粋なんだよな〜」「そうやって、騙《だま》されてしまうのだよな〜」「男子って、やっぱり、いいヤツらが多いよな〜」「真っ直ぐに育っていて、いいぞ！」などと、僕の心のなかで、心地良いものが流れていたことを思い出します。

が、しかしです。最近は、異なるのです。大概、男子グループが×を多く出して、騙されて落ち込んでいる女子グループを見ては、「ざまーみろ！」というような発言、オーラを出し続けるのです。

性別差別になってはいけません。ですので、男子がこうあるべき、女子がこうあるべき、というようなことを申すつもりはありません。しかし、見ていて、あまりに情けなくなるのは、僕だけなのか。これからの日本は大丈夫なのか。悶悶《もんもん》とする自分がいます。誰か、心理学者の方で、これについて、分析してくださらないでしょうか。

第3章　経済しよう!

Q 勝也先生、「経済しよう！」も、正しい日本語になっていませんよ！

まったくもって、そうですね。これも僕の造語になります。まずは、前提として「経済」をしっかりと理解する必要がありますね。諸君は経済と言ったら、どのような意味があると考えますか。これも教室で先生に問われて、さらっと答えられた人は皆無に近い。もし、君が答えられたら素晴らしい。僕の教え子たちは、「株（株式）を売ったり、買ったりするような…」「お金が関係しているような…」「大人がやっている難しそうな…」といったような反応が返ってきます。みんなの気持ちは政治を説明しようとする時とほぼ一緒で、言えそうで言えない。キチンと説明しようとすると案外難しい。なので、経済を考える時も、試しに社会科や公民科の教科書で調べてみるといいでしょう。経済とは、中学校社会科公民的分野の教科書では、次のように書いています。「消費者の生活は、さまざまな財やサービスを購入し、消費することから成り立っています。一方、生産者は、財やサービスを自分で消費するためではなく、だれかに販売するために生産します。このような、さまざまな商品の生産と消費を中心とする人々の活動のことを経済といいます。」（中学校社会科教科用図書『新編新しいみんなの公民』育鵬社　高橋勝也他）また、高等学校公民科の教科書では、「私たちは、日常の生活でサービスを受けたい、モノを買いたいといったような多種多様な欲求を抱く。それらを満たすために、多くの人や企業、お金（貨幣）がかかわり、商品（財やサービス）を生産、流通、消費している。この社会全体のしくみや流れを経済という。」（高等学校公民科教科用図書『高等学校現代社会　一人ひとりが考える自分・社会・世界　新訂版』清水書院　高橋勝也他）などとなっています。

諸君はこれを読み解いて、何か感じるものはありますか。僕はちょっと、躍動感に欠けると思っていますが、いかがでしょうか？大人の世界では、経済ってもっと、刺激的なものではないですか。なぜなら、経済を専門に扱うテレビ番組はたくさんありますし、全国紙と呼ばれる新聞の中にも、日本経済新聞という経済専門の新聞があります。経済と言ったら、何かが活発に動いているようなイメージを持ってもいいかもしれません。確かに、会社や工場でモノやサービスが生産されて、僕ら消費者がそれらを購入して、楽しんだり、幸せになったりすることが経済（活動）ですね。今日あった楽しいこと、嬉しいことも、企業などが経済（活動）でもたらしてくれたものとも言えるかもしれません。

しかし、僕が今まで教えてきた生徒や学生諸君の経済に対する反応は、違和感を抱かざるを得なかったのです。「経済って、会社や工場が生産をして、僕ら消費者が消費をすることなんだよ！」と伝えても、「まあ、そうですよね。」といったものばかりでした。目を輝かしてくれる生徒や学生諸君は皆無といってよかったです。確かにこれは意味のあることなのですが、これだけでは未来を創る若者たちが躍動してくれない。そんな時です。僕が行う授業を工夫して、生徒や学生を躍動させないと、日本の経済は衰退していってしまう。そうなれば、みんなが幸せになっていかないと真剣に考えたことがあったのです。「経済」という概念を、もう少し広くとらえられると、良い学びをさせてあげられると直感したのです。本章の目的は、諸君がしっかりと経済とは何かと、多面的・多角的に理解して説明できるようになることです。

コラム 財とサービス

財とサービスは、キチンと理解できていますか?どちらも、僕らがいつも購入している商品です。財は形のあるもので、目に見えるものと表現できます。今、手にしているこの本、教室の机、みんなが持っているスマートフォン、ありとあらゆるものですね。一方、サービスは、形のないもので、目に見えないものと表現できます。例えば、ディズニーリゾートの入場料はそれになります。何千円も出して購入することになりますが、「ミッキーが(目に見えるものなど)何もくれない!」と怒って帰ってしまう人はいませんね。ディズニーリゾートに入場することで、楽しいことやうれしいことがあるので、それを得るために入場料を支払っているのです。目に見えない商品は、先生の授業、医者の診療などたくさんあります！

Q では、勝也先生の考える経済はどのようにとらえれば、良いのですか？

その答えは、シミュレーションを活用して一緒に考えませんか。ちょっとしたシミュレーションゲームを使って、楽しく考えられたらよいかなと思いながら進めていきます。

次のような状況を設定します。今度の諸君は旅人になりましょう。世界を船で旅する旅人です。青く高い空の下、広大な海原が広がっています。心が清々《すがすが》しくなるような大海をイメージしましょう。そして、諸君はみんな仲良く船旅を楽しんでいるのです。

しかし！困ったことに、その船がトラブルで沈みかけてしまいます。諸君は、急ぎ脱出します。間一髪で救命ボートに乗り込んだ諸君は、命が救われました。しかし、水も食料もままならない状況を何とかしなければなりません。そんな時、大海で揺れるボートの目の前に光り輝く二つの島が見えるではありませんか。二つの島には人影が見受けられます。そして、大きく手招きをして諸君を呼んでいます。諸君は「これで助かったぞ！」と心の中で叫んだのです。

見つけた二つの島は王国でした。二つの王国共に、命からがらの諸君を気持ち良く受け入れようとしてくれました。これで助かりましたね。ただし、二つの王国は、王様の考え方の違いからまったく相反する国家同士。ときどき争いが起きてしまうような国家同士です。何がともあれ、諸君は生きていくために、しばらくお世話にならなければなりません。当分の間、何年もの間どちらかの国で生活を続けなければならないという状況を設定しましょう。よく考えて、どちらかの国へ入国して、その国の国民になるのです。どちらの国が良いかをしっかり考えてくださいね。

Q 二つの王国は、どんな国なのでしょうか？

全く正反対な方針を立てている国々です。1つ目の王国は、外国人のスミスさんが王様なので、スミス王国です。もう一つの王国も、外国人のマルクスさんが王様なので、マルクス王国です。どのように異なるのかというと…。図3を見ると、高校生や大学生ならす

図3　二つの王国について

皆さん、こんにちは！
スミス王国国王、
アダム＝スミスです。
皆さん、私の王国は、自由な経済活動が保障されていますのでいいですよ！成功すれば、しっかり稼げますからね。
はい、いらっしゃい！
スミス王国
900万円
100万円
国民の半分の年収
国民の半分の年収
マルクス王国
400万円
400万円
皆さん、こんにちは！
マルクス王国国王、
カール＝マルクスです。
皆さん、私の王国は、平等がモットーです！みんな仲良く暮らしていきましょう！最低限の生活も保障されています！
はい、いらっしゃい！

ぐに理解できるかもしれないですね。

両国とも国民の年収に特徴があります。年収は一年間に稼《かせ》ぐお給料の総額と考えればいいですね。近年の日本の平均年収は４００万円台と言われています。それも参考にしながら考えていくと良いでしょう。

さて、スミス王国。国民の半分の年収が９００万円です。平均年収の2倍程度ですからそれなりに良い生活ができそうです。レストランで美味しいモノを食べたり、たまには海外旅行を楽しんだりと、自分が思い描く理想の生活ができそうです。しかし、残りの国民の年収が１００万円にとどまってしまいます。これはちょっと苦しそうですね。一か月の生活費が、１０万円にも届きません。東京での生活でしたら、家賃も支払えず、生活は成り立ちそうにありません。ひと月、１０万円以下の生活は避けたい気もしますね。一方、マルクス王国。国民の半分の年収が４００万円です。これであれば平均的な生活ができそうですね。贅沢《ぜいたく》はできそうにありませんが、ときどき手軽なファミリーレストランであれば楽しく食事ができそうです。一生懸命に貯金をすれば、国内の旅行は楽しめそうです。残りの国民の年収も４００万円です。つまり、全員、その程度の生活ができる国になっています。

Q 歴史の授業で習ったことを思い出しましたが…。

高校生や大学生の諸君は、それぞれ四字熟語をイメージしてほしいです。中学生の諸君には少し難しいかもしれません。でも、皆さんの声が聞こえてきそうです。そう、スミス王国は、資本主義という考え方で国を築いていると言えましょう。一方、マルクス王国は、社会主義という考え方で国を築いていると言えましょう。それぞれ、相反する考え方でもあります。その確認ができたら政治の復習です。政治とは、人間社会のなかで、意見が食い違い利害の対立が生まれることがあり、そのとき互いの利害を調整し、対立を解消するはたらきのことでしたね。資本主義と社会主義の対立はまさしく、政治です。この二つの考え方が激突することで、世界中で戦争が起きてしまったという事実さえありますから。国際政治を考える時、これらは避けて通れない考え方でもあります。高校生や大学生の諸君は、歴史、特に現代史の授業で、両者の対立を学んだことでしょう。直接的な激突にはならなかったものの、アメリカとソ連のにらみ合いが続いた冷戦（冷たい戦争）、そして時にそれらの代理戦争とも言える朝鮮半島の朝鮮戦争は熱い戦争とも呼ばれました。熱い戦争であれば、朝鮮戦争だけにとどまりません。

勝也先生がお話ししたスミス王国とマルクス王国の例は、経済を楽しく考えるツールの1つですが、このシミュレーションを活用した問題を考えることは、戦争という悲劇の根底を考えることにもなります。ちょっと、真剣に向き合ってみましょう。

コラム
アダム＝スミス

彼は、18世紀に活躍したイギリスの経済学者です。資本主義経済を体系的に理論化したとされ、経済学の研究は彼が出発点になることから、「経済学の父」と呼ばれています。自由な経済活動を保障する自由放任主義という考え方を重視していました。自由に個人個人が利益を追求して、競争していくことが、結局のところ社会全体の利益になっていると主張しました。

コラム
カール＝マルクス

彼は、19世紀に活躍したドイツの経済学者です。資本主義を批判的に分析して、世界は社会主義へ移行するとしました。資本主義は、資本家（会社や工場を経営する裕福層）

が労働者から富を搾取して、貧困化させるものとし、資本が資本家に蓄積され、集中すること自体、資本主義の矛盾であり、これが激化していくと主張しました。

Q 勝也先生なら、どちらの国を選びますか？

それを聞きたくなるかもしれませんね。実際、僕の多くの生徒や学生は、その答えを求めてきました。しかし、これは、諸君のために設定したシミュレーションです。ですから、僕の答えを求める前に、諸君自身で考えてくださいね。

さあ、諸君はどちらの国を選びますか？ 諸君自身で選んでくれて良いですし、今、周りにいる家族や友達と語り合ってもいいですね。でも、せっかく、第1章で学びのことをお伝えしましたから、みんなで分け合うためにも、誰かと語り合ってください。さっと、67ページを開け直して、近くにいる人に簡単にスミス王国とマルクス王国というシミュレーションの状況設定を説明してあげてください。お父さん、お母さん、おじいさん、おばあさん、兄弟姉妹、普段はあまり話しかけていない友達へ投げかけてあげてもいいでしょう。皆さんがどちらの国を選ぶのか興味津々です。

周りの誰かにこの問いを投げかけた時、どちらの国を選んだかの次に、それを選んだ理由を聞くことが大切です。なぜなら、自分と異なる視点や考え方に触れたり、出会ったりすることができるからです。

自分と同じ考え方と出会ったら、共感するといい。そして、自分と異なる考え方と出会ったら、思い切り喜ぶといい。それって、諸君の頭や心のなかにない新しい視点や考え方を提供してくれているかもしれないから。

感謝カンゲキ雨嵐（笑）。だから、学び合うことって、素晴らしいのですね。この本は一人で読むものですが、ぜひ、一息つくつもりで近くにいる誰かと語り合ってください。

勝也先生の実際の授業では、クラスのみんなで激論をします。「スミス王国か。マルクス王国か。どちらが良いか話し合ってごらん。」というだけで、勝也先生そっちのけで、みんなで語り合っています。そんな勢いのある生徒や学生諸君の姿が、僕はたまらなく好きなのです。なぜなら、「彼らがいてくれれば、これからの日本も安心だ！」と心の中から、感じられる瞬間が訪れてくるからです。先生をやっている時の最高の瞬間かもしれません。

どちらの国を選ぶのが正しいのでしょうか？

良い質問ですね。さあ、真剣にお答えします。それは…。

勝也先生にもわかりません。そうそう、ちょっとおかしなことを思い出しました。僕がこのように、「勝也先生には、わからないよ！」と答えた時、「えぇ～、先生も知らないこと、わからないことを僕らに教えているのぉ～？」と、軽い感じで抗議してくる子がいました。意外な反応だったので衝撃的でしたが、心のなかで少し笑ってしまいました。馬鹿にしているのではなくて、彼がとても愛くるしく感じたからです。可愛い。かわいい。

なぜ、どちらかの国を選び切ることができないかは、諸君自身がわかっているのではないですか。その証拠に、どんなことを考えたか整理していくとわかりますね。次には、実際の僕の授業での発言例を並べてみますね。僕の教え子たちが元気よく発表してくれた表現です。

「スミス王国です。仕事を頑張って成果をあげたら、９００万円くらいの年収は欲しいですね。みんな４００万円だったら、やる気がおきそうにありません。」

「マルクス王国です。人間、どんなことが起きるかわからないから、100万円の生活に不安を感じることのないマルクス王国のほうがいいですね。」

「スミス王国です。マルクス王国は強制的にみんな同じ年収にする形になれば、国民の自由を奪うかもしれない。自由が保障されていそうなスミス王国のほうがいい。」

「マルクス王国です。やはり、経済的な格差があるというのは良くないと思います。著しい格差はいろいろな問題を起こすので、平等な社会が実現するマルクス王国のほうがいい。」

「スミス王国です。人間社会では競争することが大切なのではないですか。そうすることで、人間も経済も成長していくものと考えます。」

「マルクス王国です。競争は大切かもしれませんが、人間同士の争いを生み出してしまうこともあり得るので、平和に暮らしていくためにはマルクス王国がいいです。」

「スミス王国です。スミス王国だって、平和に暮らしていけますよ。900万円を稼いだ人たちが、100万円しか稼げない人たちを何らかの形で助けていけばいいのですし、実際にそのようなことは、今の今でも行われていると思います。」

「マルクス王国です。900万円を稼いだ人たちが本当に100万円の人たちを助けるでしょうか。人間の本性は、自分本位になるのが普通だと考えます。」

教室にいる僕は、目を丸くして、彼らのこのような激論に聞き浸っています。僕が何の指示をださなくとも、互いの意見をぶつけ合わせるように議論が盛り上がっています。家族や友達との語り合いでは、教室のようには激しくならないかもしれませんが、先ほど挙げたさまざまな意見のなかで、諸君一人ひとりがそれぞれ自らの意見と近いものがあったことでしょう。

だから、この問題に正解はないのです。

コラム「わからない！」と言ってくれた世界最高峰の学者

僕は、紛れもない学校の先生だ！誰が何と言おうとも、学校の先生だ！先生だからこそ、生徒に聞かれたことは、しっかりと答えなければならないと常に、考えていた。生徒のどんな質問でも的確に答えるため、先生になってからも、しっかりと勉強を重ねていた。生徒に聞かれて、「わからない！」という答えはあり得なかった。

経済の問題について、世界最高峰の経済学者と語っていた時である。「先生、その経済問題については、どうするべきなのですか？」と問うてみた。僕は、世界最高峰の理論を駆使《くし》して、「〜という考え方から、〜すべき！」など、かっこ良く答えてくださるのだと信じていた。彼は、間違いなく僕を納得させることのできる理論は、１００も知っているはずだ！世界的にも評価されている経済学者の先生なのだ。しかし、「高橋先生、私にはわかりません。」「えっ？どういうこと？」「その答えがわかっていれば、世界のみんな、とっくに幸せになっていますよ！」

僕は、呆然《ぼうぜん》とした。しかし、１２０％納得した。そして、ある光が見えてきた。「もしかしたら、生徒たちがわからないことを教えてもいいのか。わからないことを考えさせてもいいのか。むしろ、それらを考えさせるべきではないのか。そうなのかもしれない。」それから、僕の授業は、劇的に変化していったのである。

Q 勝也先生、正解がないとは、どういうことですか？

先ほど並べたスミス王国やマルクス王国をそれぞれ支持する意見のすべてに注目してください。どれ一つ、間違っていると思われるものや否定すべきものは見当たりませんね。どの意見も的を射た正しい意見と言って良いでしょう。両者を支持する考え方は全く正反対。しかし、どちらの意見も正しいものばかりです。ここに正解を導くことができない理由があるのです。

みんなの言っていることが正しいから、どちらかが正しいとは言い切れないのです。

これによって、第2章で考えた政治の難しさが理解できます。人々の考えることや意見は、対立してしまうから調整して解決に導いていくことが政治。でも、どちらも正しいことが山とあるから、調整が難しくなってしまうのです。

対立する意見で、どちらかが完全に誤りであれば、そちらを否定すればいい。しかし、どちらの意見にも正しさがあり、否定しがたいものがあった時、問題化するのです。

社会問題は、このように生まれて、生まれてしまうとなかなか解決することが難しくなるのですね。僕らの身の回りの社会問題が、簡単に解決されない理由はここにあります。かと言って、諸君はそのような社会問題から、目を背けてしまいますか？僕は、諸君に社会問題に挑んでくれるような人になってもらいたいと心から願って、ペンを執り続けていきます。

Q あれ？勝也先生、政治ではなく、経済を考えていましたよね！？

失礼いたしました。諸君に伝えたいことばかりで、脱線してしまいましたが、戻します。さあ、経済を考えます。

諸君、スミス王国とマルクス王国、どちらが正しいのかは、言い切れないことを確認しました。が、しかしです。

あることを考え加えると、絶対的なことを導くことができるのです。

これから、それを一緒に考えていきましょう。

注目すべきは、図4のなかの矢印（☞）です。これがポイントになりますが、理解できましたか？そう、この矢印は、900万円を稼いだ人たちが100万円しか稼げない人たちへ何らかの形で400万円を渡すことを意味します。900万円を稼いだ人たちが、素直に喜んで400万円を渡すことは難しいかもしれません。が、一度、ここでは何らかの形で400万円を渡すと考えます。そうすることで、スミス王国では全員が500万円を得ることになります。王国ごとの総和を見てみると、マルクス王国が800万円に対して、スミス王国は1000万円になっており金額的には豊かになっています。ここがポイント

図4 ゲームのイメージ

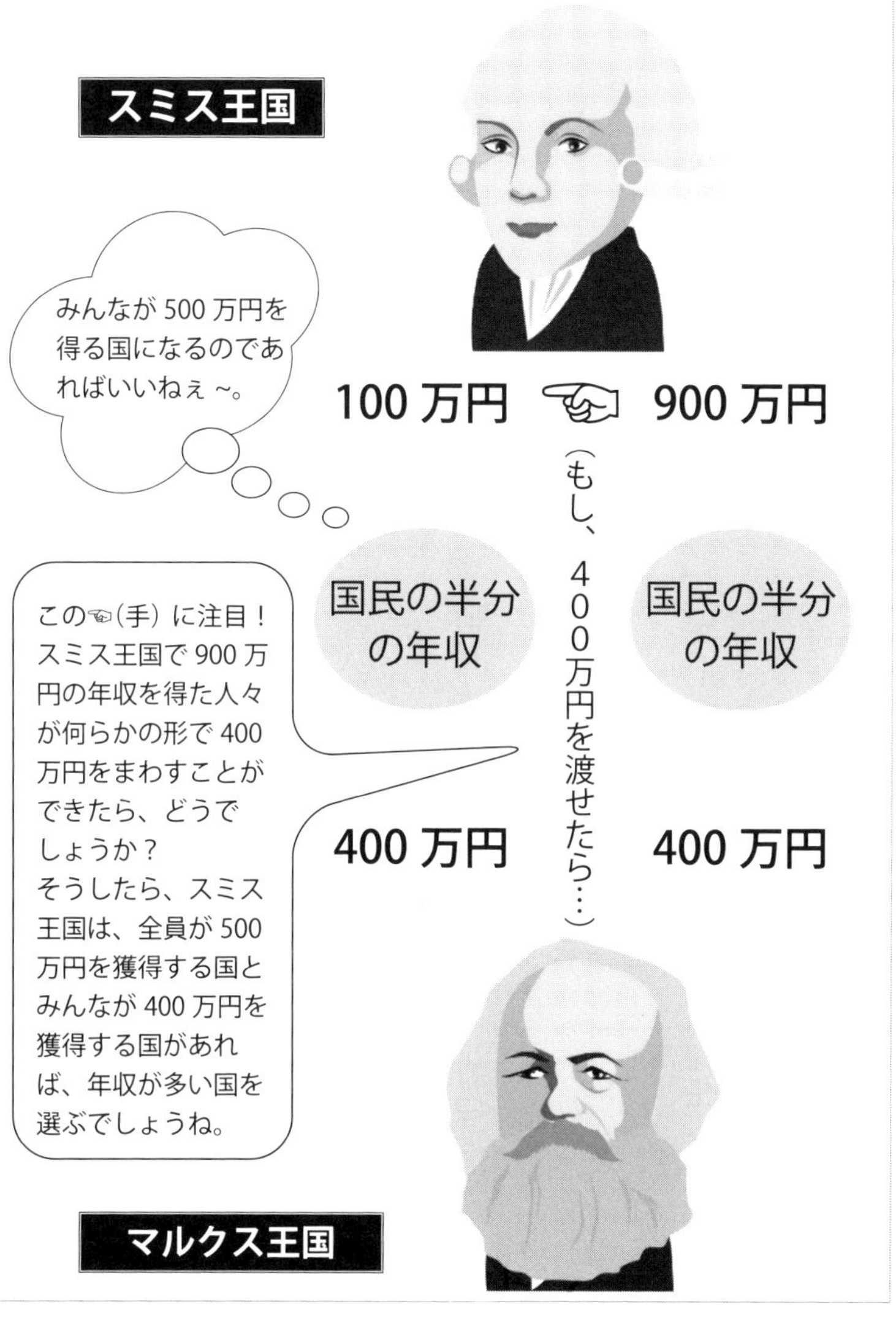

スミス王国
みんなが 500 万円を得る国になるのであればいいねぇ～。
100 万円 ☜ 900 万円
（もし、400万円を渡せたら…）
国民の半分の年収
国民の半分の年収
400 万円
400 万円
この☜（手）に注目！スミス王国で 900 万円の年収を得た人々が何らかの形で 400 万円をまわすことができたら、どうでしょうか？

そうしたら、スミス王国は、全員が 500 万円を獲得する国とみんなが 400 万円を獲得する国があれば、年収が多い国を選ぶでしょうね。

マルクス王国

です。

さあ、諸君に聞きます。国民の全員が500万円の年収を得る国と国民の全員が400万円を得る国、どちらに住みたいですか？私は質素な生活が好きだから、400万円のほうがいいという人は、あまりいませんね。より多く得た100万円は邪魔にはならないでしょうから、将来的に欲しいモノができてきた時のために、貯蓄しておけばいいですね。そんなことができるみんなが500万円を得ることができる国を希望するはずです。全員がそちらを選択するはずで、絶対的とも言えるのではないでしょうか。

Q そのような矢印（☜）は、実際にあり得るのでしょうか？

スミス王国で実際に、900万円を稼いだ人たちが100万円しか稼げない人たちへ400万円を渡してしまえば、国民の全員が500万円となり、金額は多いもののシステム的にはマルクス王国と変わらなくなってしまいます。歴史を学んだ高校生や大学生は、社会主義国や共産主義国としてそのような国家が存在していること、していたことを理解していますね。過去には繁栄を誇ったことのあるそれらの国々は、1991年のソビエト連邦の消滅が象徴するように、その多くが消えてしまいました。みんなが平等になるという考え方はとても大切なのですが、そのほかのところで、うまくいかなくなってしまうことがあったのでしょう。理想は美しくとも、国民の生活が豊かになるような政策をどんどんと遂行していくことに欠けてしまえば、国家さえも消えてしまうことがソビエト連邦の消滅が物語っているのですね。

コラム

ソビエト連邦消滅、国がなくなる!?

諸君は、西暦で言うと、何年生まれでしょうか。おそらく、1991年以降でしょうから、このことは知る由もありませんね。勝也先生が生きてきた何十年間で、一番、新聞の見出しで大きかったものの一つが、「ソ連消滅」という4文字です。1991年12月でした。当時は、アメリカと並んで世界最大の国と言われるようなソ連でしたから、それが消えるということが、よく理解できませんでした。もちろん、国が消えるといっても、海に沈んだわけではありません。そのまま大地は存続し続けています。ですから、消滅したことは消滅したのですが、15の国に生まれ変わったといったほうが、正しいかもしれません。諸君が良く知るロシア連邦はその中心です。

Q　では、スミス王国の矢印（☞）はそんなに意味がないのでは？

そうかな？諸君はどう思いますか？実は、勝也先生が一番、社会科や公民科の授業をしている時、大切にしているのが、この矢印なのです。

確かに、今の日本では、お金持ちの人たちがそうでない人たちに平等になるほどお金を渡すことはあり得ない。それを国家が強制して、やってしまったら、多くの人が一生懸命トライして、成功しようと思わなくなってしまうでしょう。しかし、日頃の生活の中で矢印のようなことは、みんなが意識しなくとも実施されていませんか？ちょっと、考えてごらん。

そう、日本の中学3年生は、社会科公民的分野の授業で累進課税制度について教えてもらっているはずです。これって、どんなことでしたか。「所得（お給料と考えていい）がたくさんある人は、多めに税金を支払ってくださいね。その納められた税金を所得が少ない人たちのために使わせてもらいますね。」と、かみ砕《くだ》くと言えますね。９００万円を稼いだ人たちが１００万円しか稼げない人たちへ、４００万円の一部分を累進課税制度というしくみの中で渡したと言えます。諸君が、このことを意識できないことは、所得を得ていないため、当然なのかな。でも、僕ら、働いて所得を得ている立場の大人たちも、この矢印を意識している人は多そうにありません。

Q 累進課税制度以外に矢印（☞）のようなことはありませんか？

あるでしょう。累進課税制度の先を考えるといいですよ。納められた税金がどのように使われているのかを考えればいいのです。

高所得者に対して高税率を課す累進課税によって集められた税金は、さまざまなところで活用されます。このとき、所得が低く、健康で文化的な最低限度の生活を営むことが難しい人たちがいれば、最低限度の生活ができるように補助金のようなものを渡すシステムがあります。それが、生活保護というものです。現在の日本では、一定の所得額に届かないなどの条件を満たしている人たちは、申請をすると生活保護を受けることができるようになっていて、実際に現金が渡され、返済の義務はありません。ですから、これも例の矢印のような意味合いをもっていると言えるでしょう。

生活保護が矢印を意味するとわかれば、こっちのもの！諸君の多くが、社会科や経済を嫌いになってしまうきっかけの一つ、社会保障制度もこの際、理解しちゃいましょう。日本の社会保障制度は複雑で、その一覧は必ず、教科書に記載されています。定期テストや入学試験にもよく出る頻出項目です。この部分を先生方に暗記を強制されたとき、（勝也先生の調査によると…）経済の学びと縁を切ってしまった大人たちは多いです。（だから、経済を苦手に感じる大人たちは少なくないです（ホント））諸君にはそうなってほしくはありません。例えば、社会保障制度のうちの社会福祉。これもまさしく、矢印を意味しています。社会福祉は、老人、児童、母子家庭、障害者などの社会的弱者の方々に対して、現金ではありませんが、サービスを提供するものです。ですから、諸君の地域に、老人福祉センター、児童福祉センター、母子家庭福祉センター、障害者福祉センターなどを見かけるかもしれません。これらの運営には税金が活用されていて、無料、もしくは低料金で利用できるようになっているのです。このように考えれば、社会保障制度は矢印を構成する非常に大切なしくみであることがわかりますね。ですから、勉強するだけで嫌いにはなっていけないものです。

〝社会保障制度ひとつにしても、暗記項目として向き合うのではなく、矢印を構成するひとつとしてとらえよう！〟

どのくらい社会保障制度を充実すれば、１００万円しか稼げない人たちが幸せに生きていくことができるか、９００万円を稼いだ人たちが納得して税金を納めることができるかを考えることが非常に大事だと言えましょう。

Q この矢印（☜）を考えることと経済は関係していそうですね!?

よしよし。わかってきましたね。さあ、もう少し考えよう。

諸君がよく耳にする金融もこの矢印を意味します。意外かもしれませんね。金融とは、読んで字のごとく、お金を融通することです。生徒や学生諸君のお金の貸し借りはよろしいことではありませんが、短期間的に、そのときどうしてもお金が必要になってしまったら、財布の中に余裕がある友達が、君にお金を融通（貸）してくれるかもしれません。このように金融とは、資金に余裕がある人が余裕のない人に融通することです。よって、スミス王国で考えれば、９００万円を稼いだ人たちが１００万円しか稼げない人たちに求められた時、ある程度の金額を融通すれば、それは金融と言うことができます。しかし、一般的には個人同士などで資金を融通し合うケースは、現代の社会ではあまりありません。そのとき、現れてくるのが銀行などの金融機関というわけです。経済を理解するとき、金融は重要な概念になっていますが、金融さえ理解できていれば怖くはありません。

銀行という金融機関は、お金持ちだから資金を企業や個人に貸し出すのではありませんね。僕らが預けた小さな金額の預金をたくさん集めることで大きな資金にして融通するのです。僕らのお金が一回、銀行を介することで、必要な企業や個人に貸し出されていくので、間接的だととらえて間接金融と言います。銀行は、貸し出した資金を回収することはもちろん、加えて利息も得ることで利益を得ています。集めた資金は、どこの誰に貸し出すかは銀行が決めることになります。僕らが決めることはありません。一方、証券会社という金融機関は、僕らのお金を一回も預かることなく（実際は、いつでも株式などが購入できるように、証券会社に必要な金額を一時的に入金することにはなります）、会社の運営資金となる株式などの有価証券を紹介するなどして、その購入に関わります。僕らのお金が、どこにも寄り道することなく（証券会社は一時的に購入資金を預かっているだけなので）、自分で決めた必要な株式会社などの運営資金になっていくことから、僕らが直接的に資金を融通しているととらえて直接金融と言います。証券会社は、その時の購入手数料で利益を得ています。原則として僕らの資金は、どの会社の株式に充てるかなどは自分で決めていきます（実際は、どの株式を買うべきかの判断は素人には難しいことがあり、プロに相談したり、任せたりして購入しているケースが少なくありません）。

Q 経済を理解することに、スミス王国の矢印（☞）がポイントになりますか？

おっと、言ってくれましたね。この部分を勝也先生は重要視していて、本書で理解してもらいたいことのひとつです。

再確認しよう。やはり、「９００万円を稼いだ人たちが、１００万円しか稼げない人たちに４００万円を強制的に渡せ！」となれば、９００万円を稼いだ人たちが納得しないでしょう。かと言って、１円も渡さないことになれば、１００万円しか稼げない人たちは、生きていくことができなくなるかもしれません。それでは、日本国憲法第２５条が定めている「すべて国民は、健康で文化的な最低限度の生活を営む権利を有する。」を実現できないことになります。それでは、いけないです。だから、みんなが納得するような矢印を創っていかなければなりません。その矢印は５０万円程度がいいのか。１００万円程度がいいのか。２００万円程度がいいのか。３００万円程度がいいのか。はたまた、その渡し方は、現金がいいのか。何か福祉などのサービスがいいのか。などなど、あらゆる角度から考えていかなければなりません。みんなが納得して、みんなが幸せになる政策を考え抜き、システムを構築していく必要があります。

諸君、ここからは、耳のなかのすべてのゴミを取り出して聞いてくださいね。

〝これからの日本における矢印は、どうあるべきなのかを考えるのが、諸君なのです！諸君たちがリーダーとなって、これからの日本における矢印をどのようにしていくか考え、創っていくのです。〟

そうしなければ、これからの日本に、未来はなくなってしまうかもしれないのです。

Q 自分はリーダーになれるでしょうか？

この本を手にして、勝也先生と一緒にこれからの日本、これからの未来をどうしていくべきかを考えていくこと自体がリーダーとしての行動をなしています。どのような矢印の形が良いのかを考えていく人材がリーダーであり、確実に、日本を背負っていく人材になっていくよ。嘘だとおもったら、考えてごらん。

〝リーダーは、自分のことだけを考えるのではなく、みんなのことを考えていく人ではないですか。〟

野球チームやサッカーチームのリーダーは、自分だけ目立とうとして試合やゲームに臨《のぞ》んでいないはずです。どうしたら、みんなが協力し合えて、一致団結して結果を残せるかを常に考えているに違いない。そんな人が諸君の周りにはいるでしょうし、実際は君がそんな存在ではありませんか。もし、君がまだ、リーダーになっていないのならば、勝也先生と一緒にこれからの日本、これからの未来をどうしていくべきかを考えていきましょう。あの矢印をどんな形にすればいいのか。どんなシステムにしていけばいいのか。

100万円しか稼げない人たちも、幸せになるにはどうしていくべきかを考えるだけで、諸君は立派なリーダーになると言えるのです。

Q 自分は立派なリーダーになりたいです！なれますよね！？

なれるよ！ここでこの本を置くことなく、読み続けるだけでなれます。なぜなら、これからどんな日本にしていくのか。どんな未来にするのかを考えられるから。一緒に考えようよ。勝也先生と出会ったことが何かの縁と思ってください。

ただ、ひとつ注意しておきたいことがあります。それは、

〝常にみんながどうすれば幸せになれるかを考え続けていくことです。〟

どうすれば、それが実現できるのか、答えは見つからないかもしれない。社会における

問題には、正解を見出せないことが多い。勝也先生だって、見つけていないかもしれません。それでも、

〝常にみんながどうすれば幸せになれるかを考えていくことが大切です。〟

なぜなら、人間は僕も含めて、利己的な生き物だから、それを忘れてしまうことがあります。僕は、必ず、教室にいる生徒や学生諸君に次のことを注意します。「(この本を手にしている諸君も同じように) 諸君の大多数は、スミス王国の900万円を稼ぐ人たちになれると思います。古い言葉で言えば、勝ち組になることができるでしょう。そうすると、人間の心理として、自分は、勝ち組になれて良かった。負け組にならなくて良かった。」と安心しきってしまう人もでてきます。それで終わってほしくありません。「自分は900万円を稼ぐ人になったから、大丈夫!あとは知らない!」では淋し過ぎませんか。

〝「自分は900万円を稼げる人間になった!さあ、これからの社会をどうしていこうか!」と考えるのが、真のリーダーなのです。〟

諸君には、真のリーダーになってもらいたいと、心から願っています!

Q リーダーになるべきことは決めましたが、経済って！？

そうだよね。経済について考えて、理解しなければなりませんね。意味のある前置きが長くなりましたね。経済を理解するときにすべて必要なことをお話してきました。いよいよ、経済とは何かです。

ここでも、耳のなかのゴミを全部出してよ！僕が諸君に教えておきたい経済とは、「経世済民」です。「けいせいさいみん」と読みます。この四字熟語を聞いたことはありますか？中国の古語になります。僕は古典が全く苦手なのですが、レ点くらいは覚えています。経世済民は、「経レ世済レ民」というように、二か所レ点が入るそうです。一文字一文字は、そのまま理解できると思うのですが、「経」は治める（混乱を安定させる）と読み替えるとわかりやすいです。従って、

〝経世済民は世（の中が）経（混乱していても何とか安定させて）民（人々を）済（救済していく）という意味になります。〟

人間社会には意見の対立から争いが起きて、混乱することもあります。しかし、何とか安定させていけば、人々は救われて、幸せになれるのではないかといった意味合いがある

と考えます。僕は、生徒や学生諸君に対して、経世済民は、「どんなに対立しようが、みんなが幸せ、ハッピーになっていくことだよ！」と話しています。だから、

〝経世済民は、一言で「みんながハッピーになること」〟

と考えれば良いのです。

鋭い諸君は、おわかりですね。経済は経世済民の「経」と「済」をとったものです。つまり、経済は経世済民が語源であり、これが元来の意味なのです。難しそうに感じた経済は、実はハッピーになることで、みんなが楽しく、嬉しくなるようなことだったのです。楽しくなって、嬉しくなるような経済であれば、難しいからと言って距離を置く必要はないですね。

〝どうしたら、みんなが幸せになれるのか？〟

を諸君が考えていたら、それは経済を考えていることになります。これからは、そんなことをたくさん考えていこう！

Q 今まで、学校で教わってきた経済とは、随分と異なる感じもしますが…。

そう見えてしまうかもしれませんね。通常の学校の先生は、経済を経世済民では教えません。本章の冒頭でお示ししたように、財やサービスを生産して、流通させて、消費する一連の活動が経済であります。でも、ちょっと角度を変えて、考えてみてくださいよ！このような動きも、みんながハッピーになる、幸せになることではないですか。勝也先生は、フライドポテトが大好物です。日本に限らず、世界のどこかの農家の方々がジャガイモを生産してくれている。それらを飛行機やトラックなどで運んでもくれている。それらを加工して、フライドポテトにして販売してくれている。それらを購入して、消費する勝也先生は、フライドポテトを食することで幸せになっているのです。ですから、生産↓流通↓消費という一連の動きが経済であると教わったことのある諸君が多いと思いますが、そのようなことだって一人ひとり、みんながハッピーになっていることではないですか。学校の先生が教えてくれる経済も経世済民も同じように見ることができます。だから、

〝これまでと変わらず、学校の先生が教えてくれる経済を学んでいくと良いと思います。

ただし、それらは、どのようにみんなが幸せになるのか、ハッピーになるのかという視点を兼ね備えて、多角的・多面的に見ていく必要がありますね。〟
その点を自ら加えながら、教えてもらうと良いでしょう。

Q 学校で教わる経済は、そんなに幸せに、ハッピーになっているかな!?

おっと、忘れていないかな?学校の教科書があったら、開けてみてもいいですね。中学校社会科公民的分野や高等学校公民科の教科書でいいです。本章で解説した累進課税制度、生活保護、金融などについては、すべて書いてありますし、定期テストや入学試験で頻出項目ではないですか。しかし、テストにでるから大切だと考えていたら、それはお子ちゃま。もう、そんな考えを捨てて、一歩、大人になろう。

〝勝也先生は、累進課税制度、生活保護、金融を解説したのは、テストの重要項目だからでなく、みんなが幸せに、ハッピーになるかもしれないことだから。〟

そのように考えて、向き合うと経済の学習は楽しくなってくるに違いない。実は、退屈に感じるかもしれない教科書のすべては、みんなが幸せに、ハッピーになることが書かれています。

少しテストみたいになってしまうけれど、確認してみようよ！諸君が暗記させられたかもしれない項目が、どれだけみんなを幸せにしているか！？ハッピーにしているか！？を。適当に教科書を見ながら、いくつか例を挙げてみます。

①　労働基準法。みんなの働く環境が悪くならないように、労働条件（労働時間や給料など）の最低基準を定めた法律です。

②　公正取引委員会。独占する企業は、時として商品価格をつり上げたり、中小企業に不利な取引を押し付けたりすることがあります。それらに対処する組織です。

③　企業の社会的責任（CSR）。企業は利潤追求が使命ですが、環境面に配慮するなど社会への貢献をも求められているという考え方です。

ほらほら。学校の授業で習ったことがあるものばかりです。テストに出題されて、○か×か、つけられたりしたのではないですか。テストで×をつけられてしまったら、嫌になってしまったかもしれませんね。もしかしたら、テストが終わった瞬間に、「もう、忘れてもいいや！」と思ったものばかりかもしれませんね。

これからの学びには、ここからの変化が必要ですね。これらの概念は、

〝「テストにでるから覚えるもの、ではなく、みんなを幸せにする、ハッピーにするから

理解すべきもの」への変化です。〟

これからの学校の授業への取り組む姿勢が変わってくるはずです。やはり、授業中、寝てしまうことがあったら、「こんなの覚えるのは、嫌だなぁ〜」という気持ちから生じてしまいませんか？そんな気持ちで、授業に挑んでいたなら、寝てはいけないと考えていても、身体が疲れていたら、自然と寝てしまうこと間違いなしです。ではなく、

〝「今日の授業は、みんなを幸せにする、ハッピーにする、どんなことを教えてくれるのかな！？」〟

とワクワクした気持ちを兼ね備えて授業に挑みたいものですね。せっかく、貴重な時間を充てているのですから。毎日の学校生活が充実すること請け合いです！

僕の言う
〝「経済しよう！」とは、「経世済民にのっとり、みんなが幸せになる、みんながハッピーになる経済を考えていきましょう。」〟

というものです。

第４章　「経済しよう！」を探究する！

Q 「経済しよう!」を探究していくのですね!?

そうだよ。良いことを一緒に考えていくのだから、みんなにはワクワクしてほしいな。さあ、いこう!

最初に、第2章で考えたゲームを振り返ります。ちょっと、思い出してよ!あれは、農作業をする村人になって考えるゲームだったので、政治を考える題材でしたね。せっかく、経済を考えるところに来たのに、政治へ逆戻りと感じてしまうかもしれませんね。でも、違うのです。経済を、経世済民を探究していきます。

さあ、あのゲームで3回のうち、諸君は何回〇を出して、何回×を出しましたか?勝也先生は、全部、3回とも〇を出しました。ですから、勝也先生は、良くて引き分け、一回でも諸君に×を出されてしまったら、負けてしまっています。もう一度、46ページの表で確認してください。

諸君と勝也先生がどのように金額を獲得していったかを確認しましょう。諸君が×を出した回数がポイントでしたね。諸君の中で、三回のうち一回も×を出さなかった(すべて〇を出した)人でしたら、お互いに600万円ずつ獲得して、同点。一回だけ×を出した人でしたら、諸君が750万円獲得して、勝也先生は250万円獲得です。勝也先生の負け。二回×を出した人でしたら、諸君が900万円獲得して、勝也先生はマイナス100万円で、勝也先生の大負け。三回ともすべて×を出した人でしたら、諸君はなんと、1050万円を獲得して、勝也先生はマイナス450万円で、勝也先生の大大負けということでした。思い出せましたか。

ここから、再び耳のなかのゴミ全部出して、聞いてよ！それは、

〝諸君が一度でも×を出していたとしたら、その勝利はどのような意味をなしたかを考えてほしい！〟

では、次にまとめられた表3を見てみましょう。

諸君が一回でも×を出していたら、諸君の勝ち。そして、諸君が×を多く出せば出すほど、諸君が大きく勝っていくことがこのゲームの特徴でした。さあ、確かに勝也先生は、29ページで「諸君、ゲームですから、勝ちたいものですね。」とお伝えしました。この点は大切なポイントなので、わざわざ太字で強調したのです。（なぜ、こんなところを太字で強調するのかと、不思議に感じた諸君もいることでしょう。でも、ゲームにおいて重要視するべきではなく、本章での経済を探究するときに重要になることだったのです！）

でもね、僕は、「相手（本ゲームの場合、勝也先生を）を打ち負かしてでも、勝ってね。」

表3 ゲームの結果（まとめ）

諸君の行動	×＝0回	×＝1回	×＝2回	×＝3回
勝也先生の行動	×＝0回	×＝0回	×＝0回	×＝0回
両者の × の回数	×＝0回	×＝1回	×＝2回	×＝3回
結　果	引き分け	諸君の勝ち	諸君の大勝	諸君の爆勝！
諸君の獲得	600 万円	750 万円	900 万円	1050 万円
勝也先生の獲得	600 万円	250 万円	−100 万円	−450 万円
両者の獲得合計	1200 万円	1000 万円	800 万円	600 万円

両者の × の回数が少ない（○の回数が多い）ほど、両者の獲得合計は増えるのだね。

両者の × の回数が多い（○の回数が少ない）ほど、両者の獲得合計は減ってしまうのか。

とは言っていません。

このゲームに正解があるとしたら、どうすることだったと考えますか？はい、もう分かりましたね。

諸君も勝也先生も、お互いに〇を出し続けることです。

なぜなら、表3のなかに答えがあります。

〝諸君が×をたくさん出すことで、諸君は高得点を得ることはできます。しかし、諸君と勝也先生の合計金額に注目すると、諸君が×をたくさん出すことで、どんどんと減ってしまうことに気づきますね。〟

はい、ここで「経済しよう！」、経世済民です。自分だけ大儲《もう》けするのでは、経世済民ではありません。みんなが幸せになることを考えていかなければならないのです！

コラム

ゲーム理論

この二つの村に分かれて行うゲーム。これは、ゲーム理論という考え方を用いたゲームでした。これは、利害関係のある相手（本ゲームで言えば、勝也先生）がいる状況で、自分と相手の利益を考えて、最適な行動を考えられるようにするためのものです。自分だけが得をしようとしても、相手に利益がなければ、良い取引にはなかなかなりませんでしたね。反対に、相手が得をするようにしても、良い取引になりません。みんなにとって、もっとも良い選択とは何なのか、それを導き出していこうとするのが、ゲーム理論です。元々は、経済学で用いられていましたが、政治学でも応用されるようになってきました。

ゲーム理論でもっとも知られているのが、囚人のジレンマです。これは、ある犯罪の容疑で逮捕された2人の容疑者が、別々の部屋で意思疎通できないように、尋問を受けることで始まります。（ですから、本ゲームでも、諸君と勝也先生は相談できない状況にしました。）この2人の選択は、「自白する」か「自白しない」のいずれかになります。①お互いに自白しなければ、懲役1年で済みます。②お互いに自白してしまうと、懲役7年になってしまいます。③どちらかが自白してしまうと、自白した人は無罪放免で、自白しなかった人が懲役10年になってしまいます。ややこしいので、まとめましょう。要するに、お互いに相手を（自白なんかするはずがないと）信じて、お互いが自白しないを選択すると、双方懲役1年で済みます。しかし、お互いが自白して、自分の利益だけ（無罪放免になること）を追求してしまうと、双方懲役7年になってしまうということです。実に面白いですね。

Q 実際の生徒や学生さんは、×を出しませんでしたか？

自分だけが勝ちたいとなれば、一回でも×を出すべきでしょう。しかし、〝お互いに（みんなで）たくさん利益を得ようとするのであれば、ずっと○を出し続けるべきだったのです。〟

人間は、利己的な生き物でもあります。まずは、自分が…と考えてしまうことは仕方がありません。僕は、諸君が一回でも×を出してしまったとしても、責める気はありません。なぜなら、以前の僕も、○を出し続けることは難しかった普通の人間だからです。

勝也先生は、このゲームを10年以上前から、自分の教室で実践しています。（本書ではスペースの都合で、3回しか○×を出し合いませんでしたが、実際の教室であれば、7回ずつ○×を出し合います。）しかし、ただの一回もすべて○を出し続けたグループはありません。

〝どうしても、お互いに○を出すことができれば、双方で200万円を獲得できるのはわかっているのに、自分たちだけが×を出して、自分たちが利益を得ようとする行動をとってしまうのです。〟

わかってくれますね。

〝「経済しよう！」、経世済民を重要視するのであれば、×を出してはいけないのですね。自分たちだけが利益を得ることは、経世済民ではないですし、みんなが幸せにならないし、ハッピーにもならない。〟

僕は、「諸君、ゲームですから、勝ちたいものですね。」とは言いましたが、

〝諸君だけが勝つのではなく、お互いに○を出し続けることで、ダブルウイン（ウインウイン）にしてもよかったのではないですか。〟

自分だけでなく、勝也先生と一緒に勝つ。つまり、

〝みんなで勝つ！〟

これは、経世済民を考える時、とても大切な考え方になります。

Q 相手を信じて、○を出し続けることは結構、難しくないですか？

そうだよね。でも、僕らが生きていく現代の社会では、みんながみんなに対して○を出し続けるようなことが増えていくといいね。そうすれば、きっと、良い日本になり、良い社会になっていく。

ここで、経済を考えるシミュレーションゲームに登場したスミス王国のアダム＝スミスについて話します。アダム＝スミスは、１８世紀に活躍したイギリスの生んだ経済学の父でしたね。彼は、自由な経済活動を保障すると、無駄のない効率的な生産が実現して、すべての人々を豊かにすると主張しました。僕ら一人ひとりが利己的に行動したとしても、個々人の行動は無数にあるわけです。勝也先生は、学校の先生を育成していきます。別のＡさんはＡＩ（人工知能）を開発しています。Ｂさんは野菜を栽培しています。Ｃさんは、ビルを建設しています…。みんなの、このような行動が山のように集積されることで、社会全体の利益になっていくと考えるのです。実際にそうだからこそ、僕は自分で開発することのできないスマートフォンを利用していますし、自分では育てきれない野菜を美味しくいただいていますし、自分で建てることのできない家に住んでいます。おかげさまで、毎日を幸せに生活させていただいております。みなさんも、そうではないですか。

ただ、ただしなのだよね。ゲームを振り返ると、人間は自分だけのことを考えて、○ではなく×を出してしまう存在でもある。だから、

〝アダム＝スミスは「個々人が自由に活動して良いよ！」と言ってはくれましたが、時として、しっかりと○を出し合えるように、みんなが協力し合える環境を築いていくことが大切になります。〟

また、諸君はそれを実行するリーダーになってください！
〝現代の社会においてみんなが、どうしたら〇を出しやすい状況になるのか、リーダーを中心に、それぞれが考えていく必要があります。〟

Q 具体的にどのような時に、どのように協力していくことが大切ですか？

そうですね。では、諸君が住んでいるかもしれないマンションの耐震改修工事をシミュレーションして考えてみましょうか。諸君の家が一戸建てだったら、大地震に備えて耐震改修工事をするかしないかは、家族で相談して決めれば良いです。しかし、他にも多くの家族が住んでいるマンションだったら、どうなるでしょうか。これを例に考えます。

諸君はある１０軒の家庭が集まるマンションに住んでいると仮定しましょう。困ったことに調査による耐震強度不足が報告され、大地震が来たら自分たちのマンションが倒壊する恐れがあることがわかりました。そこで、住民会議が開かれました。みんなである程度のお金を出し合えば、耐震改修工事が行われて、地震が来ても安心なマンションにすることができます。ですので、みんなで資金を出し合って、工事を行うかについて話し合うことにしました。

しかし、賛成意見が出てくれば、反対意見も出てきます。「地震が来たら大変だから、ぜひとも工事をしましょう！」と住民の代表は強く賛成意見を主張しました。しかし、ある高齢者は「私はもう長生きできないから、工事を終えてもそんなに住むことができない。工事はしなくてもいいのです。」と発言します。別の人は、「大地震が来る確率は非常に低いから、工事をする必要はないのではないか。」と発言します。また、別の人は、「子供の進学費用が重なって、とても現在は工事費用を負担できそうにありませんので、今、工事をする必要はないのでは。」と発言します。続々と、反対意見が出てきました。反対意見が多くなると、工事費用が集まらなくなってしまうので、耐震改修工事ができそうにありません。

耐震改修の問題、どのように考えると良いのでしょうか？

あらゆる視点で考えられそうです。一つひとつ紐《ひも》解いてみましょう。

日本国憲法第２９条では、財産権の保障が規定されています。「財産権は、これを侵してはならない。」となっています。ですから、日本では、僕らの持っている自分のお金は、自分で使い道を決めることができ、他人が指図することはできません。よって、住民代表が指示して、工事費用を強制的に出させることは、できそうにありません。

もし、賛成する住民が少なく、工事ができなくなってしまったらどうでしょうか。大地震が来たら倒壊してしまう可能性のあるマンションのままです。諸君なら、地震が来たら倒壊してしまうマンションを購入したいと考えますか？おそらく、あまり買いたい人はいませんね。となると、いくらで購入したマンションなのかわかりませんが、買いたい人がいないようなマンションとしたら、資産価値はほぼなく、０円に近いかもしれません。安価にしても、倒壊するマンションを買いたい人は、あまりいないからです。

こう考えると、資金を出すことは痛い出費にはなりますが、みんなで協力して、工事費用を出し合って、耐震改修工事をしたほうが良いと考えることもできます。ある程度の金額を出すことで、再び資産価値のあるマンションに蘇《よみがえ》ってくれるのであれば、悪いことではありません。ですから、自分の財産を自由に使うのではなく、みんなの方針に従って協力して、使ったほうが良い場合もあると考えられます。

しかし、なかには、ある高齢者のように、工事費用を負担することに意味を感じず、かたくなに協力を拒否するケースも考えられます。そのような時に、ごく少数の反対意見で工事ができなくなったら、みんなの資産を守ることができなくなってしまうかもしれません。したがって、マンションのようなみんなで共有する施設などには、〝事前にトラブルを防ぐことができるようなルールを、あらかじめ定めておくことも大切になりますね。〟

そうすることが、みんなの幸せにつながります。

Q みんなで共有している施設などは、ほかにも結構、身近にありそうですね！？

幅広い視点で、考えてみましょう。公共財とも呼ばれる道路や公園もみんなで共有している施設ともとらえることができます。これらの施設は、自分でお金を支払って利用することはあまりないのでしょう。しかし、みんな（この場合、国家や地方公共団体）が決めた金額（税金）を納めることで、みんなが無料で利用することができるようになっています。諸君の学校や図書館の運営も、警察官が僕らの安全を確保してくれているのも、消防官が危険を冒《おか》してでもみんなの救助に行ってくれるのも、道路や公園と同じ、公共財に分類されています。

ですから、日本国憲法第３０条は、「国民は、納税の義務を負う。」と定めています。また、決められた税金を納めることは、農村ゲームでいう○を出すことであり、協力していくことでもあります。僕の周りではあまり聞きませんが、脱税という行為は、法に反するから悪いことだとも言えますが、ゲームでいう×を出してしまうことになるので、許されてはいけない行為と言えるのです。多くの人によって×が出し続けられていては、みんなが幸せにはなれません。

Q 勝也先生、もっと「経済しよう！」を探究したいのですが…。

良い心がけですね。もう一つ、私が実際にやっている授業を紹介しましょう。次のシミュレーションは、みんなで遊ぶような、楽しいものです。この本を手にしてくれている諸君は、中学生・高校生・大学生が多いと思いますが、みんな１８歳の高校生になってもらいます。そのつもりでお願いしますね。　さて、始まり〜。始まり〜。

諸君は１８歳。そろそろ高校も卒業です。諸君の学校、クラスは卒業旅行でディズニーリゾートへ行くことになりました。大好きな友達（もしかして、彼氏か彼女？それのほうが都合いいかもしれません（笑））と思い切り楽しんでください。さて、いざ、お目当てのアトラクションを目指してみると、どれも大行列です。卒業シーズンだから予想はしていたものの、ちょっと残念。見てみれば3時間待ちの表示があります。はい、質問。

① 諸君は、3時間待ちの大行列に並びますか?

実際の教室での生徒や学生諸君の反応を紹介しますね。

「並びます。せっかく行って、お目当てのアトラクションをあきらめるなんて、あり得ません!」

「並びません。他に3時間も待たないで楽しめるアトラクションがあると思うので、そちらで楽しみますよ!」

「並びます。ディズニーリゾートって、並んで待つことも楽しい。だから、3時間くらい待てます!」

「並びません。自分は、行列に並ぶのが苦手です。せっかく楽しいところに行くのだから、嫌なことはしたくないですね。」

おおよそ、このような感じで意見が交わされます。さあ、次に行こう!

一人で行動するわけではないので、みんなで相談をしていました。すると、ミッキーがあるところへ連れて行ってくれて、見慣れない自動販売機を見つけます。なんと、それはスーパー・デラックス・パスの自動販売機だったのです。このパスを持っていると、専用レーンに並ぶことができて、ほとんど待ち時間が0分になると説明されています。しかし、販売価格が1万円です。はい、質問。

② 諸君は、1万円のスーパー・デラックス・パスを買いますか？

実際の教室での生徒や学生諸君の反応を紹介しますね。

「買いません。そんなお金を出すなら、大行列に並びます！」

「買います。それさえあれば、たくさん楽しめるので、無理してでも買います！」

「買いません。そもそもそんなお金ないです…。」

「買うかもしれません。女子の前で格好つけたいですし…（笑）」

僕の授業では、買わないという生徒や学生諸君が多かったかな。それはそうだよね。諸君はそんなにお金持っていないものね。さあ、次に行こう！諸君は、楽しかった高校生活も終えると、あっという間に社会人に。さあ、次に行きます。

諸君は２８歳。大学もしっかりと卒業して、バリバリの社会人です。仕事と恋愛に忙しい。お給料の一部を家賃と食費として実家に納めていますが、残りの大半はすべて自分のお小遣い。大好きな彼女（彼）と、今日は久しぶりのデート。１０年前に卒業旅行で行った思い出のディズニーリゾートに行くことにしました。しかし、やはり、お目当てのアトラクションは大行列の３時間待ち。そんな時、あの自動販売機が目の前に現れました。はい、質問。

③　諸君は、１万円のスーパー・デラックス・パスを買いますか？

実際の教室での生徒や学生諸君の反応を紹介しますね。


「買います。もうお金も持っているから、ジャンジャン遊んじゃいます！」

「買いません。そのお金があれば、何か美味しいもの食べれますから。」

「買います。時間を有効に使えそうだし…。」

「買いません。ちょっと、自分には贅沢《ぜいたく》すぎるかな。」


僕の教室では、買おうとする人が増えて、半分半分くらいだったかな。さあ、次に行こう！もう結婚もして、幸せな家庭生活を送っています。さあ、次。

諸君は38歳。子供にも恵まれて自分の時間が全くないくらい忙しいけれど、日々、充実しています。すると、奥さん（旦那さん）が子供たちを連れて買い物（釣り）に行くと言って、久しぶりの一人の時間が持てました。「さあ、何をしようかな。そうだ、あのテレビで見た美味しそうなラーメン（パンケーキ）を食べに行こう！一度は食べてみたかったんだ！いざ、出陣！」と、急いでお目当てのお店に到着すると…。大行列。聞いてみると、数時間は並ぶらしい。「やっぱり、人気店なんだ。そう簡単に、お目当てのラーメン（パンケーキ）にはありつけないかぁ〜」と残念がっていたら…。店主（店長）がお店のなかから出てきます。すると、「はい、いらっしゃい！こちらのお席はいかがでしょうか。ゴールデンシートを用意しましたよ！料金は3倍頂戴《ちょうだい》いたしますが、直ぐにお席にご案内します。」はい、質問。

④　**諸君は、料金を3倍支払う必要のあるゴールデンシートに座りますか？**

この質問の実際の教室での生徒や学生諸君の反応は割愛させていただきますね。座る人、座らない人、いろいろな意見が出てきます。そんななか、はい、再び、質問。

⑤　**この店主のことをどう思いますか？**

実際の教室での生徒や学生諸君の反応を紹介しますね。

「悪徳商法をしている人」

「商売上手！」

「金儲け主義者！」

「ズルい人」


どちらかというと、店主を否定的に見ることが多いかな。諸君の子供たちも成長して、大きくなってきました。さあ、次。

諸君は48歳。大きくなった子供の誕生日が近づいています。「プレゼントは何がいいかな？」と聞いてみると、「大好きな○○（アイドルグループ）のコンサートに行きたい！」とねだってきました。愛する我が子のために、諸君は奮闘することにしました。どうすれば、コンサートチケットが手に入れられるのか。チケット発売日に、電話をかけまくる。店頭販売の行列に並ぶなど、いろいろと出来そうですが、どれも、大変そうです。すると、奥さん（旦那さん）が教えてくれました。「○○のファンクラブに入会すると、優先的にチケットを販売してくれるらしいよ。年会費は5000円必要だけれどね。」はい、質問。

⑥　諸君は、年会費5000円を支払って、コンサートのチケットを手に入れますか？

この質問の実際の教室での生徒や学生諸君の反応は割愛させていただきますね。はい、再び、質問。

⑦　このファンクラブのシステムをどう思いますか？

「自分もファンクラブに入っているし、いいと思います。」

「悪いことではないと思います。」

「よくあることだと、思います。」


ファンクラブが年会費を徴収して、人気のあるコンサートチケットを会員に優先的に販売することに、ほとんどが肯定的な見方をします。

Q　このシミュレーションで考えさせる勝也先生のねらいは何ですか？

はい。⑤と⑦の質問に注目してほしいのです。⑤の（ラーメン）店主のことをどう思いますか？と⑦のこのファンクラブのシステムをどう思いますか？の二つの質問に、どんな違いがあるでしょうか。

ラーメン店も、ファンクラブのチケット販売も、行列ができるほど人気のある商品であり、サービスなのですね。そんな時、ラーメン店主は、「3倍の料金を払ってくれれば、優先的にラーメンを食べることができますよ!」としています。ファンクラブは、「年会費5000円を払ってくれれば、優先的にチケットを販売しますよ!」としています。金額の度合いに相違があるかもしれませんが、行っていること自体の構造は、同じではありませんか?プラスアルファーの料金を納めることで優先的な扱いを受けているのですね。

さて、諸君はラーメン店主をどう評価していましたか?肯定的ですか?否定的ですか?僕の教え子である生徒や学生諸君は、圧倒的に否定的な評価が多かったです。しかし、その直後にファンクラブのチケット販売方法を分析・検討させることで、冷静に店主の行動を考えさせることにしています。ここでみんなが幸せになる経世済民を考えたいものです。

Q ラーメン店主をどのように見るべきなのでしょうか?

ここがポイントになりますね。確かに、正規の価格より高く消費者に商品を売りつける悪徳業者はいますね。法令違反の悪徳業者は許してはいけません。諸君も彼らには、気を付けましょう。しかし、人気店であるラーメン店主の行動は、別の角度から考えるといいかもしれません。

思い切って、店主という売る側ではなく、お客という買う側から考えてみましょう。とても忙しい人は、どうやったら、行列のできるラーメン店のラーメンを食べることができるのでしょうか。確かに、並べばいつかは食べることができるでしょう。しかし、忙しいからこそ、その食べるための並ぶ時間がないのでしょうね。実際、サラリーマンのお昼休みは通常は1時間で、行列に並んでラーメンを食べることはしないでしょう。平日の毎日、いつも食べたいなと考えたとしても、そのラーメンにはありつけない。

となると、ラーメンにありつける人はどんな人でしょう。はい、時間のある人ですね。中高大の生徒や学生諸君、最近は忙しい人も多そうですが、何かの機会で数時間の行列に並ぶことができそうですね。うらやましい。（勝也先生は、結構、いや、かなり忙しいです）定年退職された高齢者の方々も並ぶ時間はあるかもしれません。

では、忙しい人は、ラーメンにありつけないということになりますね。それは、それで公平な社会であるのかと、議論してみたら面白そうです。「忙しい人は、仕事だけしていればいい。どうせ、いっぱいお金稼げるのだから、それはそれで幸せでしょー!」という意見も聞こえてきそうです。

Q この問題、どう考えたらよいのでしょうか？

希少性という概念を使って、考えましょう。空気（酸素）を、今の今、思い切り吸ってみてください。周りの人々と争うことなく、諸君の身体の中に取り入れることができます。地球上にあるすべてのモノが、空気のようにたくさんあればいいですね。しかし、僕らが求める財やサービスなどの商品（資源）には、限りがあります。僕ら人間の欲望は、限りがないとも言われています。希少性とは、すべての人々が手に入れたい財とサービスを生産することができないことです。ディズニーリゾートも、あと日本に何か所も造ってくれれば、どんな人気アトラクションも並ばないで済むかもしれません。行列のできるラーメン店の店舗も拡大してくれれば、スムーズにありつけそうです。（実際のところ、チェーン店化やフランチャイズ化することで、あまり行列にならずお目当てのモノにありつけるようになった店舗もありそうですね。個人的には、思いつく店舗がいくつかあります。）経済について考えるとき、この希少性という概念がとても大切になってきます。となると、限られた資源をみんなにどのように配分すると、公正が実現できるのか考える必要がありそうです。それについて、深めていこう。

Q どのように深めていきますか？

今度は、ラーメン店店主という売る側を見ていきましょう。諸君は、先ほど（114ページ）の質問⑤には、どんな反応をしましたか？やはり、「金儲け主義者！」「ズルい人」のように、否定的に見ましたか？それは、おかしなことではありません。勝也先生も、以前はそのように感じていました。

しかし、前述したように、

〝みんなが行列のできるラーメン店のラーメンにありつける（を食べられる）という公正な社会を実現しようと考えると、ラーメン店主を一概に責めることは難しいかもしれません。〟

なぜなら、あまりに忙しくてまったく並ぶ時間がない人にも、病気やけがをしてしまったり、ご高齢で足腰が弱くなってしまったりしたことで並ぶことができない人にも、並ぶ必要のないゴールデンシートを準備することで、ラーメンが食べられる機会を提供することにもなると考えられるからです。

諸君、ですから、一度、「ラーメン店主は、悪いヤツだ！」というような感情を切り離して店主を見てみると良いでしょう。見方を変えれば、ご高齢で足腰が弱くなってしまった方々にも、美味しいラーメンを食べるという機会を提供したとも言えますから。と考えると、みんなが幸せになる、ハッピーになる経世済民を実現していると考えることもできそうです。

Q うーん！？まだ、ラーメン店主に納得できていませんが…。

そうですか。では、別の角度から、また、考えましょう！それでは、はい、質問。

① 明日は、あなたの誕生日パーティーです。たくさんの友達３０人も来てくれます。嬉しいですね。おそらくみんな、あなたに素敵なプレゼントを持ってきてくれるかもしれません。はてはて。プレゼントをもらいっぱなしでいいのでしょうか。そんなことに気づいたら、お返しのプレゼントを準備しておこうと考えました。急いで、常連となっているお気に入りの店に行き、３０人分のプレゼントを購入することにしました。きれいに包装もしてもらったので、お会計になります。しかし、支払いはできますが、考えていた金額を

超える予算オーバーになってしまいました。そこで、あなたは思いついたことを、お店の人にお願いしてみることにします。「たくさん買ったから、少しまけて（ディスカウントして）頂けませんか？」この行動について、みなさんはどう感じますか？

実際の教室での生徒や学生諸君の反応を紹介しますね。

「自分もお金があまりなかったら、お願いすると思う。」「普通だと思う。」「悪いことではない。」などと、否定的な意見はほとんど出てこないのですよ。この事例について、おおかた肯定的な行動や考え方ととらえることがわかります。僕は試しに、インターネットで「大量購入」や「まとめ買い」というワードで検索をかけてみました。すると「値引」や「割引」とセットになって、さまざまな事例が紹介されています。社会的にもまとめ買いをすると、お店は割引をしてくれるという構図は定着していると言ってよいでしょう。

では、次に。はい、質問。

② この写真は、空港のチェックインカウンターです。飛行機に乗ったことがある人ならば、見たことがあるかもしれませんね。これは、優先チェックインカウンターと呼ばれるものです。ですから、なかなか、私たちが利用できる機会はないのかもしれません。さて、どんな人が利用していると思いますか？

実際の教室での生徒や学生諸君の反応を紹介しますね。「お金持ちの人」「ファーストク

〈筆者撮影〉

どうせお金持ち専用の
入り口なんでしょ～！？
私には関係ないかぁ～？

そうとも限らないかも
しれませんよ！いろいろな角度から
考えることが大切だね。（勝也先生）

〈筆者撮影〉

ラスに乗る人」など、金持ちと思われるような人々が挙げられます。外れてはいないのかもしれません。では、続いて。はい、質問。

③　もし、ファーストクラスを利用するようなお金持ちの人々が専用的に利用するカウンターであったとしたら、どう思いますか？

実際の教室での生徒や学生諸君の反応は割愛させていただきますが、金持ちへの優遇策なのかなという反応も見られます。

そんななか、生徒や学生諸君に対して、勝也先生が次の説明をするようにしています。「実は、これは、たくさん搭乗している（航空機を数多く利用する）人のカウンターでもあるのです。諸君がわかりやすく理解しようとするのであれば、航空機に乗る直前の搭乗手続きを思い出すといいかもしれません、実際の空港では、まず、最初に小さなお子様連れや障害をお持ちのお客様が案内されます。その次にたくさん搭乗している人たちが案内されます。ダイヤモンド〇〇の方など呼ばれたりすることもあります。また、はい、質問。

④　たくさん搭乗している（航空機を数多く利用する）人たち優先して案内することをどう思いますか？

このときの諸君の反応に、戸惑いを隠せないようなものが見られるようになります。おそらく、次の質問で聞くことに気づいたからでしょう。

⑤　大量にプレゼントを購入することで割引を求める皆さんの行動と、数多く航空機を利用する（航空会社の航空チケットを大量に購入する）お客さんが優先的に扱われる行動にどんな違いがあるのでしょうか？

諸君のなかには、両者とも同じ構造であるということに気づいて、ハッとするような者もいれば、完全に比較検討できておらず、クエスチョンマークが頭の中を飛び回っているような人もいます。でも、冷静になれば、わかりますね。両者が同一であることを熱心に表現してくれる人もいました。

諸君が大量購入して、割引していただくことと、航空機を数多く利用している人を優先的に扱っていただくことは、構造的に同じですね。

どこかで、優先的に案内される人を見ると、ズルい！と感じてしまうかもしれませんが、そのようにみるのは、視野が狭いのかもしれませんね。ラーメン店の店主の行動と航空機会社の行動がどのように異なるか考えてみると、また、視野が広くなりそうですね。次は、どんどん、諸君の可能性を広げることを考えています。

第5章　「何ができるか!?」自分を知ろう!

Q 自分を知るとは？

チョット、ブレイクタイム。

諸君は、これからたくさん学んで、社会のリーダーになっていく存在です。もし、つまずいている人がいたら、起こしてあげられる人になってください。世のため、人のためになるリーダーになってください。そのとき、自分のことを知らなくては、人のことなど考えられないと思うのです。ですから、

〝楽しい方法で自分とは、どんな人間なのかを考えていきましょう。自分の可能性を広げることが大切です。〟

僕は、政治や経済と関連して考えられるよう、「お金」を題材にこのことについて考えてもらう授業を展開しています。

では、最初から、はい、質問。

① お金って何ですか？

実際の教室での生徒や学生諸君の反応を紹介しますね。

「一万円札！」

「好きなものを買えるもの」などなど。

僕らの日常生活でのありとあらゆる取引は、お金を介して行われています。大昔は貝殻をお金、貨幣として利用していた時代もありました。ですから、「貨」という文字には、「貝」が入っているのですね。高校生、大学生諸君は、貨幣の機能を学校で教わったのではないでしょうか。どんなことだったか、説明できますか？

Q わからないので教えてください！

ちょっと、勉強になってしまいますね。退屈かもしれませんが、少しだけ、お付き合いください。

A　価値尺度機能　お金はモノの価値を測《はか》る物差しの役割をします。例えば、牛で考えよう！牛一頭、100万円としたら、諸君はイメージしやすいのでは？高いと感じますか？安いと感じますか？でも、牛一頭、大根1000本分となったら、どうでしょう？高いか、安いか、イメージできますか？そもそも、大根の大きさは異なるので、大きい小さいでも価値が変わってしまいそうです。また、大根の価格は、いつも同じではない（豊作や不作で変わってしまう）ので、価値を測るには困りそうです。お金は、それに比べて、価値を測りやすそうですね。

Ｂ　価値貯蔵機能　お金はずっと、貯蔵できますね。だから、貝を利用したのであって、大根はダメですよ。貯蔵していたら、タクアンにしかなりません（笑）

Ｃ　交換手段機能　お金はみんなが欲しがるものですから、好きなものと交換することができます。物々交換ですと、同じ価値同士でないと交換できないですし、牛一頭と大根１０００本の交換は大変そうです。（えらい労力を必要とします。）よって、お金はモノとの交換の媒介《ばいかい》という役割を果たしているのですね。

〝お金、貨幣は価値を交換するものととらえられますね。〟

Q お金と自分を知るとの関係は？

そうですね。では、はい、質問。

②「価値」とは、どんなものでしょうか？

諸君、それぞれ考えてみてください。ある辞書では、「人々の欲望を充《み》たすもの」と記されています。では、ここで勝也先生が考えた価値の意味を2つお伝えします。ひとつは、僕らが生きていくうえで、最低限必要なもの。お腹が空いてたまらない時、目の前に出されたパン一切れには、とてつもない価値を感じることでしょう。のどが渇いて死にそうなくらいの時、コップ一杯の水は、天にものぼってしまいそうな価値を感じることでしょう。僕らが生きていくには、僕らを充たしてくれる価値のあるモノが必要です。

〝もうひとつは、僕らがより豊かに生きていくためのもの。〟

ただ、生きていくための水や最低限の食べ物だけに価値を感じていては、つまらなそうです。（でも、発展途上国では、それもままならない人々もいることは、忘れてはならないですね。）僕らは、毎日を楽しんだり、喜んだりするという豊かな生活を求めている存在でもありましょう。美味しいものが食べたいですし、格好いい、かわいい服を着たいですし、海外旅行にも行ってみたいですし、いろいろと考えたらキリがありません。勝也先生だったら、行列のできるラーメン店のラーメンには、とても価値を感じます！また、海外旅行が大好きで、行ったことのない国にはどうしても行ってみたいので、チャンスあれば多少金額が高くとも、行く価値を感じます！

Q そんなことをやるとき、やはりお金が必要になりますね！？

それは、そうでしょう。でも、次に異なる視点で考えたいのです。はい、質問。

③ 価値の意味が、僕らがより豊かに生きていくためのものだとしたら、その価値は、お金でしか手に入れられないですか？

うむ！？ちょっと、難しいですか？

〝僕は、より豊かに生きていくための価値は、お金だけではなく、諸君でも生み出せるのではないですか！？〟

と訴えたいのです。わかりやすくなるように、諸君に代わって勝也先生が生み出せる価値についてお話ししたいと思います。勝也先生が皆さんをより豊かに生きていってもらうために生み出せる価値は、どんなものでしょう！？実は、僕自身わかりませんでした。そこで…。ある生徒に聞いてみました。すると、実に的確な答えが返ってきました。

「僕（勝也先生）が、皆さんにより豊かに生きていってもらうために生み出している価値って、どんなことがあるかな？自分では、よくわからない！」

「何、言っているのですか！？勝也先生は、いつも僕らをやる気にさせてくれているではないですか！だから、僕は今、一生懸命、勉強して学んでいるのです！勝也先生が、生み出す価値は、みんなをやる気にさせることです！」

と熱く、断言してくれるではないですか。確かに、手前味噌ですが、僕は、生徒や学生諸君に、「社会を築いていくんだ！」「社会のリーダーになっていくんだ！」と、ありとあらゆる方法で、創意工夫しながら伝えてきました。そんななか、やる気に満ちあふれて、「高校、大学、就職するのは、当たり前！」「その次の段階で、どうやったら、社会に活力を与えられるか！」などと、中学生、高校生から真剣に考えて、行動している諸君が多いです。そんな生徒や学生諸君を育成できたことが、実にうれしい。

Q 確かに、勝也先生が生み出す価値は、お金でさえ買えそうにないですね！？

人は、自分を充たすために、価値のあるものを欲します。その多くは、お店でお金を出して買うものかもしれません。お腹がすいたら、数百円を出してラーメンを食べる。好きな人と、素敵な時間を過ごすのであれば、数千円を出してディズニーリゾートのチケットを購入する。幸せな気分になりたいのであれば、数千円を出して、大好きな〇〇のライブチケットを手に入れる。それらに価値を感じるので、お金を出して購入するのでしょう。そうすることが、みんなの生活を豊かにしていくことなのです。

しかし、例えば、

〝やる気を出して、自ら設定した目標や夢を達成することも、その人の人生をとても豊かにするのではないでしょうか。〟

とても価値のあることと言えそうですが、それは、お金で買えません。絶対に行きたい高校、絶対に行きたい大学、絶対に行きたい会社は、自分で勝ち取っていくしかありません。裏口入学もあるのかもしれませんが、それは社会が許さない。諸君が入学した学校は、もしかしたら、勝也先生のような恩師が後押ししてくれて、合格を勝ち取った人もいそうですね。

さあ、そうしたら、諸君の出番。

〝あなたができる周りの人が喜んでくれること（諸君が誰かをより豊かに生きていってもらうために生み出せる、創造できる価値）は、どんなものでしょうか？〟

それについて、考えてもらいたいですね。

Q ちょっと、難しい感じもしますが…。

そうかもしれないね。でも、ぜひ、これはまず、自分で考えてほしい。あっ、その前に、大切な条件をお示しします。このことを考えるとき、次の二点A・Bを条件として与えます。必ず、これらをクリアしてください。

A　1回オンリーだけでなく、継続してできること。だって、諸君が周りの人が喜んでくれる（誰かにより豊かに生きていってもらう）ことをしてあげたとしても、「はい、一回でおしまい！」では、ちょっと、悲しすぎます。周りの人も一時的に感謝してくれても、困惑してしまうかもしれません。ありがた迷惑にしないためです。ずっと、やり続けていけること、継続できることを考えてください。

B　自分自身も喜びを感じられること。周りの人に喜んでもらうためには、まず、自分が楽しくて、喜びを感じないとできないですね。自分がうれしいから、みんなもうれしくなって、喜びを感じるようになります。

勝也先生が創造する、みんなをやる気にさせるという価値は、継続していると言えます。先生をずっと長くやって、そのような価値を生み出してきたと自負しています。かつ、自分の最大の喜びでもあります。自分の教え子たちがやる気を出して、自ら学んで取り組んでいく姿を見るのは、僕にとって、この上ない幸せであります。だから、僕はずっと、先生をやっているのでしょう。さあ、諸君が創造できる誰かをより豊かに幸せにする価値を ぜひ、考えてみてください。この時、

〝自分自身で創造する価値は、どんな人に届けられるか。どんな場面、どんな方法で広げることができるかをイメージしながら、考えることが大切です。〟

勝也先生なら、生徒や学生諸君に届けて、学校という場で広げていっています。諸君なら、どうなるかな！？

Q ますます、難しくなりました…（泣）

そうだよね。少しでも、ヒントになれば良いと思って、実際の教室での生徒や学生諸君の反応を紹介しますね。それから、考えればいい。非常に印象的で、感動的だった例を紹介しますね。

「私は、人の話を聞くことですかね。人が話してくれることにとても、興味があります。

人にはいろいろな人生があったり、考え方があったりと、その人その人のお話しを聞くことが大好きです。おじいさんやおばあさんの話は、興味津々に聞いちゃいます。人が好きなので、コミュニケーションもとりたいです！」

人の話を聞くことは、ずっと継続してできますし、そのことが、自分の喜びでもあるのですね。僕が、この話を聞いて感激したのは、彼女（女子生徒）が弁護士になることを夢見ていることです。

「自分は、困っている人、悩んでいる人の話をたくさん聞いてあげたいです。私が、弁護士になれば、そのような人の話をたくさん聞いて、救ってあげることができると思うのです。それができたら、自分の喜びです。ですから、大学は法学部へ進学して弁護士になります！」

と。何と、素晴らしいことでしょう。この話を聞いて、涙が出そうになりました。

〝自分が創造できる価値は、一生やっていく自らの仕事にも直結するものなので、ぜひ、考えてほしいです。〟

もう少し、ヒントをくださると考えられそうですが…。

はい、今度は男子生徒が話してくれたことを紹介します。

「僕は、人を笑顔にすることですかね。自分自身、面白い人ではないので、お笑い芸人にはなれないと思います。人を笑わすことは苦手ですが、笑顔にすることはできそうです。（うむ？どういうこと？）ちょっとしたことでも、人を笑顔にすることはできるのではないかと。（例えば、どんなことだろうか？）重そうな荷物を持っている人に声をかけて、持ってあげると、最後に笑顔でお礼を言ってくださるじゃないですか。この間は、ある先生と行き違うときに、スッとドアを開けて差し上げたら、うれしそうな笑顔で感謝してもらいました！少しのことで笑顔になってくれるので、それは、自分もとてもうれしいです。」

何と、素晴らしいことでしょう。これだけでも感激なのに、さらに彼はものすごく感動させてくれるわけです。

「（将来は、どう考えているの？）自分は、本当に人を笑わせられないのですよ！でも、医者になりたいです。病気やケガを治してあげられたら、みなさん、笑顔になってくださいませんかね。人のためになる仕事がしたかったのですが、勝也先生の授業を受けて、自分は皆さんの笑顔が見たいから、医者になりたいと思ったのかもなぁ～と感じたりもしました。」

高校生にして、ここまで考えている生徒がいて、感服《かんぷく》の至りに達しました。人の話を聞くことを活かして、弁護士になる。人を笑顔にするために、医者になる。まずもって、僕が考えたのは、彼女に機会があったら弁護をしてほしいと思いましたし、彼に病気を治してほしいと思いました。諸君も素晴らしいと感じませんか。彼らは、必ず立派なリーダーになると確信したものでした。

Q 勝也先生、自分自身では、創造できる価値を思いつかないかもしれません…。

それは、そうかもね。実際の教室でも、思いつかないと訴えてくる生徒や学生諸君は少なくありません。ですので、心配する必要ないです。ぜひ、やっていただきたいのが、ご家族や友達にストレートに聞いてみるということです。案外、自分自身のことを、自分はわかっていないのかもしれません。

「自分が、皆さんをより豊かに生きていってもらうために生み出している価値って、どんなことがあるかな？自分では、よくわからない！」と、素直に聞いてみましょう。（聞く時は、もっと丁寧に説明する必要はあろうかと思います。）

〝特に、的確なのは、ご両親だと思います。諸君を長く見つめてきてくれたご両親は、諸君を隅から隅まで知り尽くしています。〟

ちょっと、恥ずかしいかもしれませんが、思い切って聞いてみると良いでしょう。ありとあらゆることを教えてくださるでしょうから、それらがヒントになります。

友達も武器になってくれます。直接、聞いてみるといい。友達から聞く利点は、「へぇ〜、〇〇さんは、自分のことをそのように見てくれていたんだ！」「〇〇くんは、自分のことを想像できないような見方をしてくれていたんだ！」と気づけることです。良いことを言ってくれたら、とてもうれしい気分になることでしょう。だから、自分が聞かれたとしても、一生懸命に考えて答えてあげるといいですよ！お互いに高め合っていくことができます。

そんな自分自身に気づけたら、ぜひ、これからの社会を築いていってください。

〝これからの社会を築くのは、「諸君でしょ！」頼みますよ。〟

第6章　これからの社会を築くのは、「諸君でしょ!」

ここでは、どんな話になるのですか？

諸君が大人になって活躍するに、社会を築いていってくれる時に、鍛えておいたほうが良い思考をいろいろな方法で培っていきます。それでは、いきなり、はい、質問。（今回の質問は、あまり考えることなく、即答してほしいところです！）

① おもちゃ工場です。5台の機械が5分間で5個のおもちゃを製造します。では、100台の機械が100個のおもちゃを製造するのに、何分かかる？

はい、答えよう！何分ですか？実際の教室での生徒や学生諸君の反応を紹介しますと、身構えてしまい、黙り込んでしまう人も少なくありません。何か罠《わな》や仕掛けがあると、警戒されてしまうのでしょうね。こちらの期待通り、「100分！」と答えてくれる子もいるのですが、クールに「5分でしょ！」と答えちゃう人もいます。さすがです。正解は5分ですね。5台の機械で5個のおもちゃを作ろうが、100台の機械で100個のおもちゃを作ろうが、1台の機械で1個のおもちゃを作ろうが、5分ですよね。ちょっと、引っかけ問題でしたかね。

意表を突いて、再び、はい、質問。（今回の質問も、あまり考えることなく、即答してほしいところです！）

② 弟（いなくとも、仮定してください）が、野球で使うバットとボールを買ってきた。両方合計すると１１００円です。バットはボールより１０００円高い。ボールはいくらですか？

はい、答えよう！いくらですか？実際の教室での生徒や学生諸君の反応を紹介しますね。即答してほしいので、間髪入れず、聞いていきます。

そうすると、完璧に正解を答えちゃう人もいます。しかし、「？？？１００円？？」と答えてしまう諸君が多いです。よ〜く、考えよう！ゆっくり考えれば、わかりますね。１００円ではなく、正解は…。５０円ですね。大丈夫ですか？バットが１０００円だったとしたら、ボールは１００円になりますが、このときの金額差は９００円にしかならず、１０００円にはなりません。バットはボールより１０００円高いですから。よって、バットが１０５０円、ボールは５０円となるわけです。これで金額差が１０００円になりますね。勝也先生の教え子たちは、優秀な子も多いです。瞬時に方程式をたてて、５０円と即答されちゃうと、授業がやりにくくなります（泣）でも、大半の諸君は、僕の思い通りに間違ってくれるのです。

これらの問題は、大学で学ぶ行動経済学を考えるときによく出されるものです。私たち人間は、普段、直感に頼って判断を下して、行動してしまう生き物であるがゆえに、正しいと考えても、間違ってしまうことも多いのですね。そこで、買い物から投資までの何気ない日常生活における身近な経済行動について、心理学を交えて分析していこうとする学問が行動経済学です。この学問は、社会において限られてしまっている資源を、いかに有効に活用していくことができるかを研究していきます。

どうすれば、人々が幸せな生活を送ることができるようになるかが考えられます。

そこで、本章では、この行動経済学を用いて、現代社会の課題をどのように解決していけば良いかについて、考えていきましょう。

コラム

行動経済学

経世済民は、理解しましたよね。基本的に経済学は、世の中にある限りある資源をどのように有効活用して、みんなが幸せになるかを考える学問です。そのようななか、人はみな、無駄なく合理的に行動していると考えがちですが、非合理的に行動してしまうこともあります。このことを加味しながら、人間の経済行動や経済社会で起きる現象を研究しようとする学問が、行動経済学です。近年、ノーベル経済学賞を受賞する学者が、行動経済学を専門にしている人が増えています。現代社会に貢献している学問とも言えましょう。

Q どんな課題を考えさせてくれますか?

いろいろな課題を考えていこう!では、やはり、はい、質問。

③ これは、イギリスの事例です。(日本でも同様ですが、)自動車を所有すると、(運転する、しないに関わらず、)自動車税を納付しなければなりません。しかし、これを滞納する人が増えて、困っていました。対象者に督促状を送付しても、無視されるばかりで、なかなか納付率が向上しませんでした。税収の落ち込みは、財政の危機を招くかもしれません。そこで、ある対策を施《ほどこ》すことで、納付率を向上させました。どうやったのでしょうか?

実際の教室での生徒や学生諸君の反応を紹介しますね。

「滞納者の家に押しかけて、徴収しようとした!」(大概、居留守をつかわれてしまいそうですね。)

「ハガキだけではなく、電話などでも督促した!」(これも、電話にはなかなか、でてもらえそうにないですね。でたとしても、電話を切られたらおしまいですね。）

なかなか、気持ちの良い答えを導けずに、生徒や学生諸君も納得できないようです。さあ、お答えしましょう。イギリスの内閣特命チームが考え抜いた方策は、自動車税の滞納通知書に「税金を払わなければ、【本人の（名前ではなく）クルマの車名】を没収します。」という警告文とともに、同車種の写真を同封したのです。これによって、納付率を３３％向上させることができました。おそらく、滞納者は「これは、マズいぞ！自動車税を納付しないと、本当に没収されてしまうかもしれない！」と考えたのでしょう。この直観によって、本来するべき税金の納付という行為に結びつけたのです。これは、滞納者本人のこととととらえがちですが、税金の未納は、国や地方公共団体の財政をひっ迫するので、みんなの問題ととらえるべきです。

Q　ほかにも事例はありますか？

あるよ！イギリスは、内閣特命チームを発足させて、行動経済学を用いた政策を実行したことがあって、事例が多いです。では、もう一つ。

④ 地球温暖化対策は喫緊の課題です。二酸化炭素の排出を抑制するために、省エネルギーは有効な対策です。そのために、屋根裏に断熱材を取り入れる工事に補助金を支給する制度を整えました。しかし、なかなか補助金の申請率が上がりません。そこで、ある対策を施すことで、補助金の申請率を向上させました。どうやったのでしょうか？

この質問の実際の教室での生徒や学生諸君の反応は割愛させていただきますね。さあ、お答えしましょう。それは、屋根裏部屋の掃除に補助金を支給するということに変更したのです。おわかりですね。屋根裏部屋に断熱材を入れたいと考えても、屋根裏部屋の掃除が面倒で、工事業者を受け入れたくないと考えた人が多かったのです。気持ちはわかります。皆さんも、自分や家族、友達が見えてしまうところは、キレイに片付けるかもしれません。が、見えないところは、ずっとほったらかしにしてしまい、ホコリがたまっていることはありそうです。ですから、まずは屋根裏部屋を掃除できるようにしたのです。これをしなければ、断熱材工事に行きつきませんから。実際は、掃除の後に断熱材を設置することで清掃料金を割り引くようにしたのです。利用者は支払いが増えることにはなったのですが、屋根裏部屋掃除と断熱材設置の一挙両得と考えて、行動を起こすようになったのでしょう。補助金の申請率は３倍になったそうです。地球温暖化対策になれば、地球に貢献することにもなりますね。

Q 勝也先生、面白いです！もっと教えてほしいのですが…。

では、いきましょう。これは、有名な話ですが、女子に答えを求めるのは、難しいかもしれません！？男子であれば、経験上、答えられるかもしれません。あまり、お上品な話にはなりませんが、行動経済学のさきがけとなるような対策だったので、取り扱いましょう。はい、質問。

⑤ オランダ、アムステルダムの空港での話です。男子トイレ、特に小便器の清掃の負担が問題になっていました。男子の小便は、どうしても立って行わざるを得ないですね。そのとき、飛沫《ひまつ》が便器だけでなく、周辺を汚すので清掃費用がかさばるようになってきました。このとき、ある仕掛けを施すことで、その飛沫や清掃費を8割も減少させることができたそうです。どうやったのでしょうか？

この質問の実際の教室での生徒や学生諸君の反応は割愛させていただきますね。さあ、お答えしましょう。小便器の中に、一匹のハエの絵を描いただけなのです。人間は的があると、無意識のうちにそこにねらいを定めてしまうという分析を利用したのです。ハエを小便器の中心部分に描くことで、強制することなく、正確に利用させたのです。面白いですね。これを知ると、男子諸君は、思い当たることがあるでしょう。勝也先生は、日本で小便器のハエを見たことはありません。が、マークになるようなシールが貼ってあることは見たことありませんか？もっと、すごいのは、そのマークに的中させると、熱によって変色するシールさえ見たことがあります。これは、ハエの絵を応用したものだとわかりました。これにより、清掃費用の負担が減り、実際に掃除をする人の負担も減らせる。私たち男子も（笑）、気持ちよくトイレを利用できると、みんなが幸せになりますね。

Q 勝也先生、女子でも考えられるものありませんか？（女子より）

ですよね。ごめんなさい。次のものは、どうでしょう？はい、質問。

⑥　臓器移植ドナー（提供者）の不足は、日本だけでなく、先進的に臓器移植が進められている欧米諸国でも課題になっています。心臓などの臓器は、現在、人間の手で創り出すことはできないため、脳死になってしまった人から、臓器を提供してもらうことで移植治療が行われることがあります。脳死は、一般的な心停止による死と異なり、脳は死んでいる（脳が心臓を動かすように命令できない）のですが、人工呼吸器をつけることで、血液を身体中に送ることができるのです。ですから、しばらく、身体が温かい状態が続きます。

しかし、一度、脳死の状態になってしまうと、元の元気な状態に戻ることはできなくなり、やがて心臓は停止します。よって、中には生きている身体から提供してもらわないと移植できない臓器があるので、脳死による臓器提供が求められているのです。しかし、これらの提供には、原則として、本人の同意が必要になります。この同意がなかなか得られず、困っていました。このとき、ある仕掛けを施すことで、その同意を増やすことができたのです。どうやったのでしょうか？

この質問の実際の教室での生徒や学生諸君の反応を紹介しますね。

「臓器提供の意思カードを配って、書いてもらった！そんなカードを見たことがあります！」

素晴らしい！実際にこのカードを見たことがある人もいるでしょう。役所や保健所などはもちろん、コンビニでも配布して、多くの人々に意思表示をしてもらおうという取り組みがありました。しかしです。なかなかこれでも、意思表示の割合が増えなかったのです。もう一声！

さあ、お答えしましょう。運転免許証を交付するときに、臓器提供の意思を表示する制

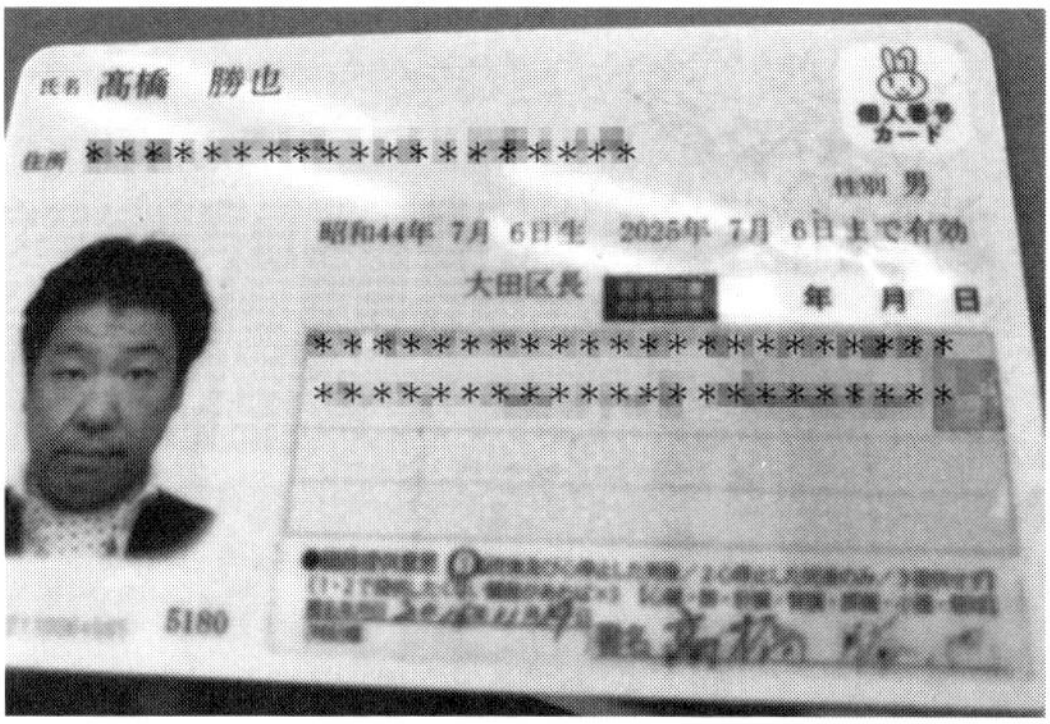

勝也先生の個人番号カード。
いわゆる、マイナンバーカードですね。右下に「臓器提供意思」の欄があります。欄が小さいため、僕の意思が少し見えづらいですね。

勝也先生の健康保険証の裏面。
これは、大きめに「臓器提供意思」の欄がありますので、少し見えやすいですね。臓器提供の意思はもちろんのこと、提供をしないという意思表示もできるようになっています。

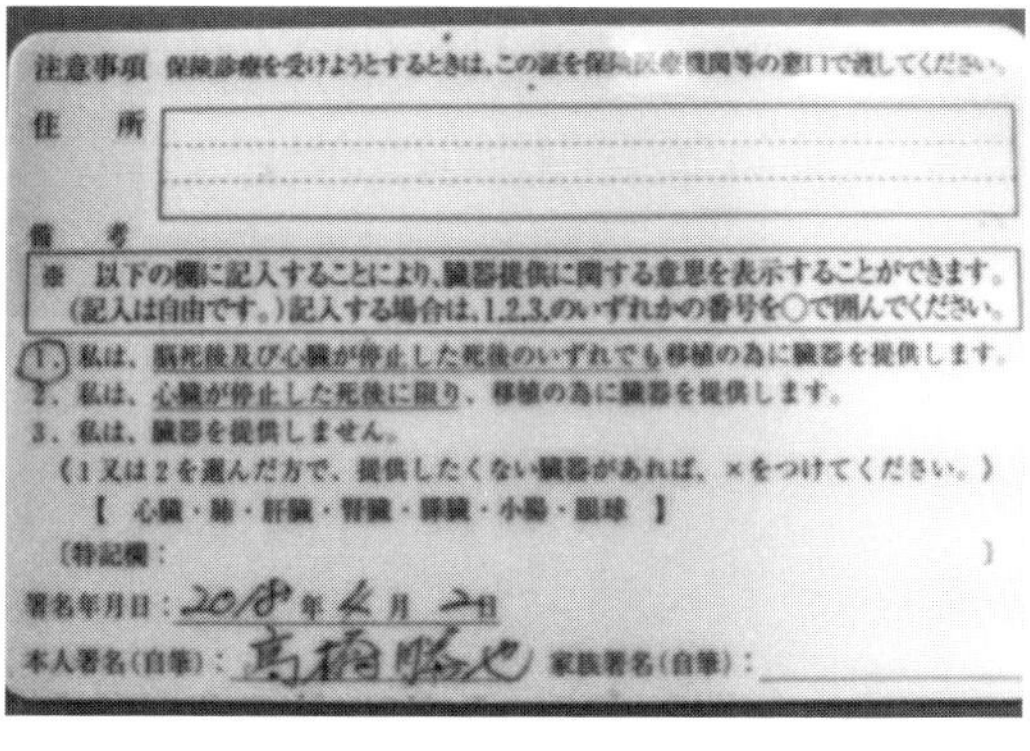

度を確立したのです。脳死に至る人は、死亡する人の１％にも満たないそうです。しかし、その該当者は交通事故によって、脳に損傷を受けてしまった人に多くあるとのことです。ですから、車を運転する人に対して、臓器提供の意思表示をしてもらおうとしたのですね。これが欧米諸国で取り入れられると２０１０年からは、日本でも取り入れられました。運転免許証の裏に、臓器提供の意思を表す欄が設けられて、自分で署名とともに記入するようになりました。もちろん、提供したくないという選択肢もあり、自分でするかしないかという自由な意思表示ができます。一人でも多くの命が救われるという幸せにつながるのですね。

写真は勝也先生の意思表示です。なんと、現在では、運転免許証だけでなく、健康保険証、個人番号カード（マイナンバーカード・表面に氏名・住所・生年月日・性別・マイナンバーなどが記載される身分証明書）でも、意思表示欄が見られるようになりました。一人でも多くの人に意思を表示してもらおうとしているのでしょう。

Q 勝也先生、行動経済学のほかに、考えさせてくれるものはありますか？

では、サンクコストという考え方を使ってみようか。これは、中学校や高校では教わらない概念だと思います。大学の経済学部で教えてもらえるかな。中学生でもわかるように話しますので、お付き合いくださいね。では、はい、質問。

① ある総理大臣や国土交通大臣と仮定します。ある公共事業（高速道路や新幹線建設など）において、すでに900億円を投じた事業は90％の完成度まできて、あと一歩のところとなっています。残りの100億円を投じることによって事業を完成させるのみですが、国会の議論における野党の指摘で、この事業では、完成後あまりに採算が取れないことが判明しました。しかし、与党と政府はここまで来て中止することはできないとして、総理大臣と国土交通大臣は、本事業の継続を表明しました。

これについて、諸君はどう考えますか？

この質問の実際の教室での生徒や学生諸君の反応は、事業の継続に賛成する人と反対する人は、半分半分くらいですね。これは、どちらにするべきなのでしょうか？次に進めましょうか。はい、質問。

② 君は卒業旅行を控えた大学生。旅行費用のためにアルバイトを一生懸命にやっていました。が、久々にゆっくりできるくらいお休みがもらえました。そこで、ずっと、気になっていた映画鑑賞へ行くことにしたのです。しかし、1500円を支払って入場したものの、あまりにつまらない。30分経つと映画館を出てしまおうかと考え始めました。

諸君が、この大学生だったら、どうしますか？

この質問の実際の教室での生徒や学生諸君の反応も、映画館に残る人と出ていってしまう人は、半分半分くらいですね。

Q これらについては、どう考えていくべきなのでしょうか？

はい。冷静に考えていくと、これについては、答えが見えてくるのではないでしょうか。では、映画鑑賞で考えよう。映画は、一般的に2時間くらい見ることになります。ということは、つまらないと感じて、あまり見る気分にもならないのに、1時間以上映画館に残る意味があるかどうかです。どうしても、「1500円も払ったのになぁ～」と考えてしまうのが、人間心理です。このような場面で、どのように損得を考えるべきなのか。

このとき、すでに支払ってしまった1500円を頭の中から、追い出してしまうことが大切ではないでしょうか。すでに支払ってしまったものは、取り返しのつかないものです。であれば、映画館に残る楽しさと映画館を出てからの楽しさを比較する必要がありますね。映画館を出れば、楽しい遊園地に行くこともできますし、アルバイトにいってお金を稼ぐこともできます。このように、すでにどうにもならない費用、どこかに沈んでしまって戻ってこない費用ということで、サンクコスト（埋没費用）と呼びます。このような費用は、完全に無視して、いや、むしろ、積極的に無視していくべきと考えられています。

諸君は、どうでしょう?例えば、話題になっているお店に行って、買い物をしようとした時。往復の交通費を何千円もかけていったのに、実は、自分の趣味と合わないお店と感じてしまった。「でもなぁ〜、せっかく来たのだから、何か買っていくかぁ〜」なんて、こともありそうです。本当に買いたいものであれば、積極的に買うべきでしょうが、取り戻せない交通費をもったいないと思って、たいして欲しくないものを買ってしまうのは、無駄な費用と言えましょう。やはり、人間って、必ずしも合理的に行動しているとは限らないのですね。ですから、サンクコストを頭に入れておいて、行動することは大切だと考えます。

Q となると、公共事業のことも同じように考えればいいのですか？

そうですね。確かに900億円も投じてしまったと、誰もが考えます。残りの100億円を投じて完成させることで、多くの便益が得られるのであれば、問題ありません。しかし、採算が取れないのであれば、考えものです。マイナスを生み出し続けるものにさらに100億円を投じることに、意味はないでしょう。ここは、スパッとあきらめるべきなのです。

しかし、多くのリーダーたちは、合理的な決定をすることができるでしょうか？良く耳にするケースとして、「900億円が水の泡になること、誰が責任をとるのだ！」という批判に負けてしまい、ズルズルと公共事業を続けてしまうということがあり得るのです。マイナスだとわかっているのに、継続することでは、誰も幸せになりません。諸君が社会におけるリーダーになっていくとき、この批判に立ち向かわなければなりません。しっかりと、サンクコストのことは、理解しておく必要があります。

勝也先生、サンクコストのほかに、考えさせてくれるものはありますか？

うん。そうだね。今度は、比較優位という考え方を使ってみようか。これは、高校で教えてもらうケースが多いですが、本書なら、中学生でも理解できます。一緒に取り組んでいきましょう。ちょっと難しい概念なので、授業で理解しにくかった諸君もいるはずです。考え方を深める意味でも（比較優位を教えるだけでは終わらないので）、皆さん、お付き合いください。

比較優位は、高校の教科書では比較生産費説と記されているはずです。イギリスの経済学者リカードが提唱したものです。国際分業の利益を説いたものではありますが、これについて勘違いしやすいので、丁寧に解説します。国際分業の利益なので、分業がポイントになります。世界におけるモノの生産を考えた時、最近では世界の工場と呼ばれる中国の存在が非常に目立ちますが、だからと言って、「世界で必要なモノをすべて中国で生産すればいい！」とはならないですね。ですから、日本、アメリカ、ヨーロッパ諸国、世界中の国々などでどうやって生産をしていくと、効率的な生産ができて、世界が潤うかを考えるべきです。その時に使う概念が比較優位です。僕は、ここで「世界諸国が仲良く生産し合えばいい！」と言いたいがために、比較優位の説明をしたいわけではないのですが、この考え方が理解できると、あらゆることが考えられるようになるので、説明を続けます。

Q 比較優位、難しくないですか？

みんながわかるように、話せる自信はあるのだけれど…。頑張ります！

次の表4を見ながら、考えると良いと思います。リカードは18世紀に生まれた人なので古くなりますが、彼は大航海時代以降、先進諸国として扱われたことのあるポルトガルとそれに比べて後進国扱いをされるイギリスを舞台に語ります。両国でぶどう酒と毛織物の生産をどのようにするべきかと論じました。その点の理解に努めましょう。

この表4だけを見れば、誰もが「全部、ポルトガルで生産すればいい！」と考えます。ポルトガルの生産力は圧倒的ですね。ポルトガルはぶどう酒1単位を生産するのに、100人でやり遂げてしまいます。また、毛織物1単位を生産するのに、50人でやり遂げてしまいます。しかし、先ほどお話したように、一国ですべてを生産させようとしたら、非効率的です。分業したほうがいい。（ポルトガルだけに生産させて、イギリスは遊んで

表４ 比較優位の理解 ①

両国で 250（100＋150）人が働いて、200 リットル（２単位）のぶどう酒が製造できると理解します。

例えば、ぶどう酒を 100 リットル製造すると考える。
その製造に必要な人数がそれぞれ 100 人と 150 人と理解します。

	ポルトガル	イギリス	両国合計の生産量
ぶどう酒 １単位	100 人	150 人	２単位
毛織物 １単位	50 人	300 人	２単位

例えば、毛織物を $100m^2$ 製造すると考える。
その製造に必要な人数がそれぞれ 50 人と 300 人と理解します。

両国で 350（50＋300）人が働いて、$200m^2$（２単位）の毛織物が製造できると理解します。

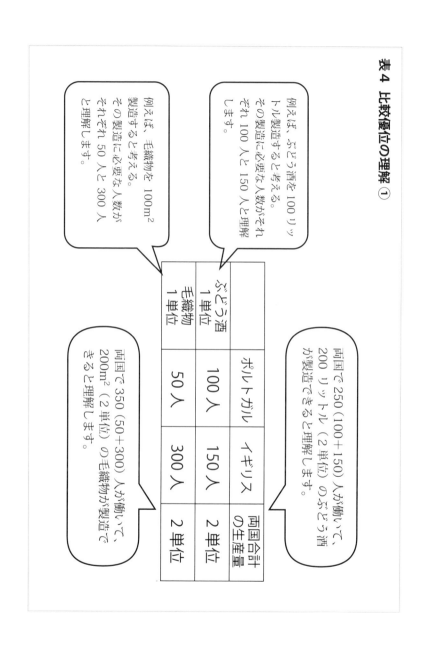

いればいいの? そんなことないですよね。イギリスだって、何かしらを生産したほうがいいに決まっている。)一方、かつて世界の工場と呼ばれていたイギリスですが、このシーンでは後進国であり、今でいう発展途上国の立場であります。同じぶどう酒1単位を生産するのに、150人も要します。また、同じ毛織物1単位を生産するのに、300人も要します。そこで、それぞれが有する労働力をどのように使っていくかをリカードは考えました。

ここで比較優位が登場します。イギリスは、ぶどう酒・毛織物どちらの生産力も劣ってしまっています。しかし、ぶどう酒・毛織物両者を比べるとどちらの生産力が、比較的得意かを見るのです。どうやら、毛織物は全く歯が立ちそうにありません。ポルトガルが50人でやることを、イギリスは6倍の300人も要します。なので、イギリスは毛織物の生産には、あまり向いていないですね。それに比べて、ぶどう酒は何とかなりそうです。ポルトガルが100人でやることを、イギリスは1・5倍の150人でやりこなすことができます。これによって、イギリスは、毛織物の生産はまったく振るいませんが、ぶどう酒の生産は、比較的得意(=比較優位)であることがわかります。

表5を見ながら、次からの説明に耳を傾けてください。そこでイギリスは、比較優位のあるぶどう酒の生産に特化します。450人全員をぶどう酒の生産に集中させるのです。

表５ 比較優位の理解②

	ポルトガル	イギリス	両国合計の生産量
ぶどう酒1単位	(100人)	450人	3単位
	☟	☝	
毛織物1単位	150人	(300人)	3単位

イギリスは 150 人で１単位のぶどう酒を製造できました。ですから、450 人全員がぶどう酒を製造することで、300 リットル（３単位）のぶどう酒が製造できると理解します。

ポルトガルは 50 人で１単位の毛織物を製造できました。ですから、150 人全員が毛織物を製造することで、300m²(３単位)の毛織物が製造できると理解します。

表 4 と比べても、両国の総人数が変化していないことが分かります。しかし、それぞれの国が比較的得意（比較優位）な分野の生産（製造）に特化（専念）することでぶどう酒・毛織物それぞれ、２単位から３単位と生産量が増えています！

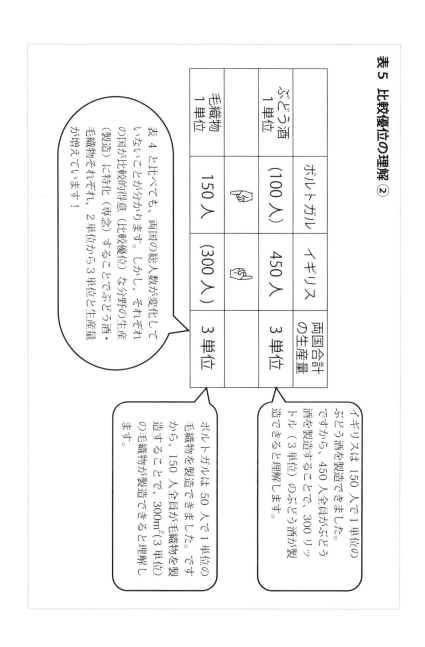

もう、不得意な毛織物の生産は捨ててしまうのです。ポルトガルは、断然得意な毛織物の生産に特化します。150人全員を毛織物の生産に集中させるのです。そうすると、どうなるか。リカードの発想のすごいところがわかりましたか？同じ人数で働いていても、総生産量がそれぞれ2から3の1・5倍になっていますね。人を1・5倍増やしたら、1・5倍の生産量になるのは当然ですが、同じ人数なのに生産量を増やせるのです。

ちょっと、勉強の時間になってきてしまいました。だから、リカードは自由貿易論者と言われるのです。だって、貿易ができなかったら、イギリス人は、ずっ〜とぶどう酒を飲み続けて酔っ払ってしまいますし、寒い時に毛織物を羽織れません。ポルトガル人は毛織物を羽織れはしても、美味しいぶどう酒にありつけません。それでは、困りますし、幸せで豊かな生活が送れませんね。なので、お互いが生産したものを交換できるように、自由に貿易ができるようにすることが必要になったのです。自由貿易が主張されたゆえんです。

Q 比較優位を理解したうえで、勝也先生は何を伝えたいのですか？

諸君がリーダーになる時の資質についてです。ここで、嵐の櫻井翔くんに登場してもら

表6 比較優位の理解 ③

嵐の櫻井くんなら、何でもできちゃう！でも、櫻井くんの身体は一つしかありません。勝也先生に何かを任せるなら、どれがいいだろう！？ダンスなわけ、ないよなぁ～（勝也先生）

嵐の櫻井くんは、何をやってもピカイチですなぁ。うんうん。それは誰もが認めるところですね。（勝也先生）

	櫻井くん	勝也先生
ルックス	◎	×
ダンス	◎	×
歌唱力	◎	×
ニュース	◎	○

勝也先生も、社会科・公民科の先生ではあるから、ある程度のニュースは知っていると思うよ！（勝也先生）

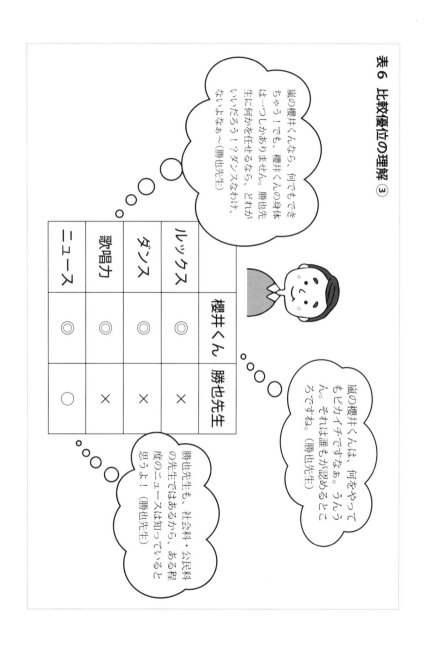

って、思考を深めましょう。彼は、僕から見ればスーパースターですから。その櫻井くんと勝也先生を比べてみよう！とんでもない思考へ誘《いざな》おうとしています。（ファンの方々からは怒られてしまいますね。）いや〜、彼はすごいですね。

表6に注目してください。ルックス、櫻井くんが断然かっこいいですね。ダンス、櫻井くんが完璧に踊りますね。歌唱力、櫻井くんの歌はみんなを魅了しますね。そして、ニュースについての理解力と発信力も櫻井くんは素晴らしいです。何をやっても、櫻井くんがいいですね。一方、勝也先生はどうでしょう？ルックス、よろしくないです。ダンス、東京音頭をちょっとやるだけです。歌唱力、ときどきカラオケボックスに行くだけです。と、何から何まで、櫻井くんとは比べ物になっていません。（ちょっと、自虐的ですが、諸君の理解のためにです！）ところがです。ニュースについては、少し勝負ができそうです。櫻井くんのように、しっかりと勉強して、華麗にニュースを発信することはできませんが、ニュースについては、勝也先生も多少なりとも知っています。だって、勝也先生も、30年近く政治と経済を学んで、生徒や学生諸君に教えてきたのですから。この点も櫻井くんには勝てそうにありませんが、善戦はできそうです。櫻井くんの◎に対して、勝也先生は○をつけました。この勝也先生についた「○」が何を意味するのでしょうか。

はい、わかりましたね。勝也先生の○＝勝也先生の比較優位なのです。櫻井くんをポルトガル、勝也先生をイギリスに置き換えればわかりやすいです。すべてに勝る櫻井くんはポルトガルと同じ立場です。すべてに劣っている勝也先生は、イギリスと同じ立場です。この時、櫻井くんと勝也先生でたくさんある仕事の分担（分業）をしようとしたとき、勝也先生はニュースに関する仕事を担当するべきです。なぜなら、勝也先生に比較優位がある（比較的得意にしている）からです。櫻井くんには、それ以外の仕事を担当してもらえば、全体的には効率的に仕事が進みますね。

Q そのことをおっしゃりたかったのですか？

いや。もっと先のこと。勝也先生の事例から、何が言えますか？櫻井くんと勝也先生は、言わば月とスッポン。雲泥の差と言われても仕方がありません。が、その勝也先生にも比較優位があったではないですか。つまり、

〝「比較優位がない人なんて、いない！」ということが言えるのです。この考え方は、これからの社会を担う、リーダーとなる諸君に絶対、必要になる。〟

リーダーには、みんなを適材適所、しっかりと活躍できる環境を準備することが大切になってきますね。諸君も将来、会社の社長になっているかもしれません。そのとき、もし

かしたら、「部下にどれもこれも、うまくできない人がいるな〜」と感じることがあったとき、その人の比較優位を探して、効率的に作業ができる環境を整えるのが、リーダーの役割でもあります。

現在は、障害者雇用促進法が施行されています。一定の条件を兼ね備えた職場には、一定数の障害者の方の雇用が確保されるようになりました。このとき、障害者の方々がやる気に満ちて仕事と向き合えることが大切ですし、比較優位のことも頭に入れながら、障害者の方々が、どのような場面で活躍していただくのが良いのかを考えていくことが大切ですね。

第7章　最後の「政治しよう!」「経済しよう!」

勝也先生、そろそろ最後の授業になりますか？

そうですね。ここでは、僕が毎年、自分の生徒や学生諸君へ最後に贈る授業を基に展開していきます。どんな話になるか、楽しみにしてくださいね。

では、最初に一枚の写真を見ていただきます。どんな写真かわかりますか？特別、珍しいものでもありませんね。真っ直ぐな道に、美しい樹木が植えられています。右側には大きなマンションが見えますね。それらを確認したら…。はい、質問。

①　この写真に示された地区では、最高裁判所に持ち込まれるほどの大きな問題が起きたことがあります。それは、どんなことでしょうか？写真をよく見ると、ヒントが散りばめられていると思います。

実際の教室での生徒や学生諸君の反応を紹介しますね。でも、「う～む。」「何だろう？」と考え込んでしまう子が多かったです。そんななかでの、発言です。

「日照権をめぐる争いですか？」

〈筆者撮影〉

日照権をイメージできるのは、さすがです。読んで字のごとくの権利です。僕らが住んでいる部屋などの建築物の日当たりを確保して、健康的な生活を送る権利になります。右側にあるマンションが、周りの家の日照権を侵害していると考えたのですね。鋭い！しかし、残念ながら、日照権をめぐる問題が起きたのではありません。ちょっと難しい質問かな。僕の生徒や学生諸君も、ほとんど答えられたことがありません。

僕から正解をお示しします。これは、「景観権をめぐる争い」を起こしたことのある地区の写真です。景観権とは、自然の景観や歴史的・文化的景観を享受する権利です。この写真は、東京のある街の写真ですなので、歴史的・文化的景観というよりは、美しい樹木が生い茂る自然の景観、自然豊かな街並みをイメージするといいでしょう。したがって、ここでの大きな問題は、右側のマンションが建築されたことによって、周辺住民が美しい景観を奪われてしまったと訴え、その争いは裁判所へ持ち込まれるまでになったのです。これは、まさしく、政治的な対立ですね。マンションを建築したのは、ある不動産業者です。企業ですから、利益を生み出すと同時に、人々に素敵なマイホームを提供することで、幸せな空間を生み出そうとしたのです。一方、それまで住んでいた近隣住民の方々は、自分たちの街並みが美しくなるようにと、景観を維持する努力をされていました。毎日の生活を営む場所ですから大切にしていたものの、それが高層マンションの建設によって奪われると考えたのですね。そのような状況をつかんだら、

〝「政治しよう！」＝「僕らが生活しているありとあらゆる場所での対立を何とか調整して、みんなが幸せになる社会を考えていきましょう。実現していきましょう。」〞

はい、質問。

② 不動産業者と周辺住民との溝が埋まらず、解決を求めてこの問題は司法の場に委《ゆだ》ねられます。第一審判決（東京地方裁判所）はどのようなものになったのでしょうか？

実際の教室での生徒や学生諸君の反応は割愛します。いろいろと考えて、発表してくれ

るのですが、想像を絶する東京地裁の判決に、生徒や学生諸君の反応は驚きを隠せないものとなります。

「不動産業者にマンションの7階以上にあたる高さ20メートルを超える部分の撤去を命じた。」

つまり、「すでにマンションは完成して、居住者が住んでいる14階建て（高さ約44メートル）のマンションに対して、部分的に（7階以上を切り離して）撤去せよ！」という判決が下ったのです。ケーキやカステラならば、適当なところで切り離して、誰かにあげることができますが、14階建てのマンションにそんなことができるのでしょうか。

東京地裁は、周辺住民が相互理解し結束して、一定の努力を長期間続けることで、独特の都市景観が形成されたと認めて、景観がもたらす利益を法的に保護するべきとした。高さ20メートルの根拠は、広い幹線道路が続き、建物が並木の高さの20メートルを超えない良好な都市景観がすでに形成されている点を挙げています。

この第一審の判決は、2002年12月に出されたものですが、それまでにも、建築差し止めなどの裁判所による司法判断を、なんと6回も経ているような厳しい対立になっていたのです。これまで、諸君と「政治しよう！」＝対立を調整することや、「経済しよう！」＝みんなが幸せになること、ハッピーになることなどを考えてきましたが、あまりに激しい対立に何とかならないかと感じたものでした。（第一審時、勝也先生は33歳でした。）

Q 本当にマンションは、切り離して撤去されたのですか？

高校生・大学生諸君は三審制について、理解していますね。裁判所の判決について、訴えた側（原告）か訴えられた側（被告）のどちらかでも不満がある場合は、2回までさらに上級の裁判所へ訴え直すことができます。よって、この問題は第一審で決着することなく、第二審（控訴審）へ持ち込まれることとなり、再び、司法判断に委ねられることになりました。第一審がでたから、「すぐに切り離しなさい！」ということにはなりません。第二審がどのようになったのかは、みなさんも興味があることでしょう。

第二審の舞台は、東京高等裁判所です。2年後の2004年10月に控訴審判決が下されます。結果は…。

一転して、周辺住民の逆転敗訴。部分撤去を命じた第一審・東京地裁判決を取り消した判決が言い渡されました。東京高裁は、そもそも景観が良好かどうかの感じ方は人によって違い、裁判所が判断するのは適当でないとした。良好な景観は、住民が街づくりに積極的に参加するという民主主義のルールで作られるべきであるとして、司法（裁判所）が関与する形を控えるべきとした。この結果を受けて、この問題は第三審（上告審）へ持ち込まれることとなりました。

さあ、第三審の舞台は最高裁判所が舞台です。泣いても笑ってもここで決着します。二年後の2006年3月に上告審判決が下されます。結果は…。

第二審と同様に、不動産業者の勝訴。マンションの建築について、周辺住民の景観利益を違法に侵害する行為に当たらないとしました。最後の授業では本訴訟の内容を知ってもらうことが目的ではないので、説明はこの程度とします。諸君には、両者の対立が深く、激しいものであったことを覚えておいてもらいたいです。

コラム

国立マンション訴訟

この話は、国立マンション訴訟になります。東京都国立市に建設された高層マンションをめぐる一連の裁判です。JR中央線国立駅近くには、一橋大学があります。一橋大学前から南に一直線に伸びるのが大学通りです。この並木道は素晴らしく、春はサクラ、秋はイチョウによって美しい風景が広がります。国立市民に長く親しまれている場所です。ここで起きたことを、ぜひ、調べてみてください！

Q このような争いを防ぐことはできなかったのでしょうか。

そうですね。その点がとても大切です。起きてしまったことは、仕方がないことかもしれませんが、僕らが生きていく社会において、このような対立、争いがないほうがみんな幸せに決まっています。これらについて、一緒に考えていきましょう。

さて、それでは、次の写真を見てください。諸君の街にはこのような光景は見られるでしょうか？

はい。質問。

③　次の写真は何を示しているでしょうか？

実際の教室での生徒や学生諸君の反応を紹介しますね。

「公園とかですか？」

「森林！？」

「なんか、みんながゆっくりするところ…」

〈筆者撮影〉

ゆったりできる
チェアーまで、用意されている！
ここは、何だ？

公園？森林？
森林にしては、周りに
建物がありますね。
では、公園か？

〈筆者撮影〉

というように、「勝也先生は、なぜ、こんな質問をするのだろう?」と疑問のほうが大きくなって、スッキリした答えを見いだせないような生徒や学生諸君の反応ばかりです。確かに、明らかに公園のような写真を見せて、「これは、何の写真ですか?」と聞くのもなんですよね。でも、それが僕のねらいなのです。

ちなみに、この写真のような光景は東京の都心部ではよく見られる光景です。しかし、地方に行けば行くほど、見にくくなっていきます。(これはこれで、ヒントになっているのですが。)まずもって、これらの木々は山間部では見られません!ですから、見たこともない諸君もいるでしょう。難しかったかな。

正解を教えてくれませんか?

はい。これは、「公開空地」というものです。これは、こうかいくうちと読みます。建築基準法で定められているものです。(また、都市計画法では、有効空地という地区の環境整備のために設ける空地も定められており、公開空地と似たような場所が多くみられます。)

先ほどのマンション訴訟で、建築物には高さ制限があることは理解しましたね。しかし、人口が過密状態になっている都市部においては、土地が不足していますから、その制限以上の高層マンションを建設したいということもあるでしょう。その時に、「申し訳ありませんが、基準以上の高さでビルを建てさせてください。その代わり、土地の一部を空地《くうち》としてオープンスペースにします。ですから、地域周辺のみなさん、ご自由に利用してください！」となれば、どうでしょう。本来であれば、周辺住民は反対運動を起こすかもしれません。しかし、自分たちも利用できる公園などを用意してくれるのであれば、「考え直してもいいよ！」と言ってくれるようにならないでしょうか。すこし、「周辺の景観が悪くなってしまうことは我慢して、その代わりオープンスペースでゆっくりと遊ばせてもらったり、休ませてもらったりしよう！」となれば、両者とも幸せになれるかもしれません。

僕は、マンション訴訟の事例を知っていましたから、この公開空地のシステムに気づいたとき、とてもエキサイトしたことを思い出します。このようなシステムを考えて、実行していくことで、世の中の対立や争いがどんどん減っていくと感じたからです。それから、僕の生徒や学生諸君に伝えなければならないと強く抱いたことも覚えています。

〝諸君には、このようなシステムを考えて、実行していくリーダーにぜひ、なってもらいたい。「政治しよう！」〟

最後の授業は、終わってしまいますか？

いや、まだまだです！もう一枚、見てほしい写真があります。これです。

これは、テレビなどで見たことのある人もいることでしょう。はい、質問。

④　**次の写真は何を示しているでしょうか？**

東京の学校ですと、すぐに答えてくれる諸君がいます。なぜなら、これは、赤レンガで有名な東京駅丸の内駅舎だからです。地方の諸君だと、触れる機会が少ないかもしれません。ぜひ、東京駅にお寄りの際は、いったん東京駅丸の内口から出て、眺めてください。今では、たくさんの外国人観光客の方も含めて、多くの人々が記念撮影をしています。

赤レンガの歴史的建造物、東京駅丸の内駅舎は1914年に創建されたものです。耐震の問題もあり取り壊しが決まりましたが、多くのファンが駅舎の再建を望みました。そこで、JR東日本は、開業100周年事業として、丸の内駅舎の復原に取り掛かったのです。諸君は知らないことでしょうが、JRは以前、国鉄（日本国有鉄道）と呼んでいましたが、大幅な赤字を抱える企業でありました。現在のJRは健全な財務になっていますが、その赤字の精算も考えれば、そんなに資金に余裕はなかったかもしれません。

Q　ＪＲ東日本は、どのように資金を調達したのですか？

はい。そこなのです。その質問が、肝になります。

では、はい、質問。

⑤　丸の内駅舎復原に約５００億円を要しましたが、ＪＲ東日本はそのほとんどを負担していません。どのように調達したのでしょうか？

実際の教室での生徒や学生諸君の反応を紹介しますね。

「鉄道ファンなどから、寄付を集めた。」

「株式などで集めた。」

などなど、いろいろと考えてくれます。さあ、この

〈筆者撮影〉

答えは何でしょうか？

「空中権」で調達したのです。次の写真を見れば、理解できませんか。

東京駅の周りには、高層ビルが立ち並んでいますね。その中にある東京駅はどうでしょうか？とても低い建物ですね。今回の丸の内駅舎は、超高層ビルである必要はありません。創建当時の姿を復原するわけですから。３階建てになっています。となると、周りのビルのように、高層にしても良かったのですが、あえてしなかったわけです。本来、建築しても良かった空中部分ががらんと空いてしてしまっているので、もったいないような気もしてきます。これに目をつけたのが、周りの超高層ビルを所有する開発業者です。

〝「その建築していない空中部分（空中権）を買いますよ！そうしたら、自分たちのビルに上積みしますから。」〟

こうして、開発業者はＪＲ東日本から、空中権を購入することで、本来の高さ制限を超える超高層ビルを建築することを可能としたのです。

〈筆者撮影〉

これらの高層ビルは
ＪＲ東日本から空中権を
購入して、ビルの高さを
上積みしたのですね。

東京駅の周辺には、
高層ビルが立ち並んで
いるのですね。

〈筆者撮影〉

空中権の取引は、お互いに利益を得ることになりますか？

全くもって、その通り。まさしく、ダブルウイン（ウインウイン）ですね。ＪＲ東日本は、会社の費用負担を抑えながら、顧客からの要望であった丸の内駅舎復原を成し遂げます。一方、東京駅周辺の開発を手掛ける開発業者は、より高層のビルを建設することで、多くのテナント（店舗を営む賃借人）を受け入れることが可能となり、テナント料の増収も期待できます。

第４章の「経済しよう！」を探究する！では、シミュレーションゲームで、相手を打ち負かしてまで、勝つことについて考えました。

〝自分たちだけが利益を得ることは、経世済民ではないですし、みんなが幸せにならないし、ハッピーにもならない〞ことも考えました。しかし、今回のケースは、ＪＲ東日本も開発業者も共に勝っています。このようなシステムを考えた人は、素晴らしいです。みんなが、より多くの人々が幸せになっていくといいと、心からそう感じます。もう少し、考えようよ。

空中権の取引でハッピーになるのは、両者だけなのかな？東京駅から高層ビルを眺めてみるといい。夜になっても、ビルの窓から電気が煌々とついています。フロアには、数々の企業や店舗が入っているのでしょう。東京駅という絶好の立地を生かして、良いビジネスをしているに違いありません。なぜなら、東京駅は東海道・山陽新幹線、東北・北海道新幹線、秋田新幹線、山形新幹線、上越新幹線、北陸新幹線と日本全国を網の目のようにくぐる新幹線網の起点です。地の利を生かして、日本全国に展開するビジネスが行われているのでしょう。こう考えると、それらの高層ビルのフロアで展開する企業も含めてトリプルウイン（ウインウインウイン）を生み出しているとも言えます。

そして、鋭い諸君は、これから僕が言おうとしていることをわかっているかもしれません。まだ、利益を得ている人たちがいますね。それが、僕ら消費者です。東京駅周辺の高層ビルには、無数の企業が展開しています。それら企業は、僕ら消費者が幸せに、ハッピーになるような財とサービスを生み出しているのです。これらを享受することで、僕らみんなも幸せになっていますね。僕らも入れたら、フォースウインになってしまいます。どんどん、幸せの輪が広がっていきますね。

〝諸君には、このようなシステムを考えて、実行していくリーダーにぜひ、なってもらいたい。「経済しよう！」〟

勝也先生、まだ、いろいろと考えさせてほしいです！

まだ、あるよ！また、もう一枚、写真を見てみようか。

これは、見たことのある諸君がそれなりにいるかもしれません。これは、野球を行う野球場ですね。間髪入れずに、はい、質問。

⑥ この野球場、何という野球場ですか？

実際の教室での生徒や学生諸君の反応を紹介しますね。

「東京ドーム？」（ドーム型になっていないよ！（笑））

「これだけじゃ、難しいですね。千葉県にある

のだけれど…。」（勝也先生）

「千葉マリンスタジアム！」

さすが、良く知っていますね！　でも、本当に、千葉マリンスタジアムですか？「う〜む。」と頭をかしげる生徒や学生諸君がいるなかで、プロ野球に詳しい諸君が何かを思い出して、手を挙げて答えてくれます。

「勝也先生、ＺＯＺＯマリンスタジアムです！」

そうそう。千葉マリンスタジアムではありますが、ＺＯＺＯマリンスタジアムとも言うのです。これは、何を意味しているのでしょうか？

Q「ZOZO」って、どこかで聞いたような…。

ＺＯＺＯは、ファッション通販のＺＯＺＯＴＯＷＮのことですね。「ＺＯＺＯＴＯＷＮでは、トップス・パンツ・ワンピースなど最新トレンドアイテムをオンラインでご購入いただけます。ＺＯＺＯは６８４４ブランドの人気アイテムを公式に取り扱うファッション通販サイトです！」（ＺＯＺＯＴＯＷＮ公式ホームページより）素敵なお洋服を通販で取り扱っているのですね。諸君のなかにも、利用したことがある人は、たくさんいるでしょう。これは、会社名ではなく、実際に運営しているのが株式会社スタートトゥデイという会社になります。面白いですね。まったく野球と関係のない、ファッションに関する名前が球場名に入っているのです。

プロ野球球団に千葉ロッテマリーンズがあります。本拠地は千葉マリンスタジアムです。千葉ロッテマリーンズという球団を所有しているのは、千葉市とロッテ球団です。両者と株式会社スタートトゥデイの三者で合意し、

〝命名権（ネーミングライツ）の契約に至った〟

とのことです。「命名権」とは、施設などに対して命名することができる権利です。契約期間は１０年間としています。スタートトゥデイは、命名権料として総額３１億円を支払います。したがって、同社は毎年、千葉市とロッテ球団それぞれに、１億５５００万円を支払うことになっています。これは、すごいことだと感じませんか？

スタートトゥデイは、なぜ、こんなに高額な命名権を取得したのでしょうか？ そう、これによって、ＺＯＺＯの名前が世間に広く知られるようになるからです。野球ファンには

もちろん、球場を利用する人にもZOZOの名が知れ渡ります。大きな影響を持つのが、テレビや新聞などのマスコミでしょう。千葉ロッテマリーンズの試合がある度、この球場名が何らかの形で日本全国に伝わるわけです。それだけの宣伝効果と高額な命名権料が見合うと判断したのでしょう。勝也先生は、ZOZOTOWNを知りませんでしたが、こうやって知ることができますし、知ることで、洋服を買ってみたいという気持ちも芽生えてきています。

〝この契約こそが、「経済しよう!」ではないですか。〟

Q 「経済しよう!」ですね!?

僕が語らずとも、わかりますね。この契約は最低、トリプルウインは成し遂げています。スタートトゥデイは、高額な命名権料を納めますが、ZOZOTOWNの知名度を上げることができます。これによって、売り上げの倍増といきたいですね。ロッテ球団はどうでしょう?球団の運営資金を獲得することができます。その資金で、戦力を増強できれば、優勝を目指すことができて、実際に優勝できれば、観客動員数もうなぎ登りとなるかもしれません。ロッテファンを増やすことができるでしょう。そして、千葉市はどうでしょう?

千葉市という地方公共団体は、本来、市民に税金を納めてもらって運営しています。この命名権料で、歳入を増やすことができれば、住民サービスを向上させることができるでしょう。道路をつくる。病院を建てる。学校の施設も充実していくことでしょう。まさに、トリプルウインです。しかし、賢い諸君は気づいていますね。

〝フォースウインにもなっています。この命名権料が千葉市民をも潤わせているではないですか。〟

スタートトゥデイが納める資金は、千葉市民のために使われるのですから。僕はこう考えていくとワクワクしてきます。

Q 命名権は、他にもありそうですね！？

これは、驚くほどたくさんあります。諸君で調べてみるといい。スポーツ施設は、野球場だけでなく、サッカー場でも多く見られますね。それらだけだと思っていると、体育館、陸上競技場、武道館、プール、テニスコート、ゴルフ場、ジャンプ台、スケート場からカーリング場まで見られます。諸君の街にもあるかもしれません。探してみるといいでしょう。

調べていくと、勝也先生も驚きです。スポーツ施設のほかに、文化施設にも命名権は、あります。市民会館、市民ホールは知っていましたが、図書館、美術館、博物館、劇場まで、もっと驚いたのが、大学のある部屋に命名権による部屋名が付けられています。（兵庫県にある大学のようですので、調べてみると良いでしょう。）

まだまだ。どんなものがありそうでしょうか？名前のある施設であれば、何でもありそうです。鉄道の駅。船のターミナル。商店街。道路までは、想像できそうですが、歩道橋、公衆トイレ、トンネル、ダムとあります。究極は「林」。つまり、県などの地方公共団体が有する県有林にまで、命名権を取引しています。これは、調べるしかないですね！

このようなシステムは、どこのどなた様が考えてくださったのでしょうか。素晴らしいシステムだと、感心してしまいます。このようなシステムを、今度は諸君が考えていってください。

第8章　恋ではなく愛で学ぶ政治と経済

Q そろそろ、まとめの時間ですか？

そんな時間になってしまいましたね。僕は、生徒や学生諸君に対する最後の授業では、前章の授業をしています。最後の授業では、次の二つの話をして、終えることにしています。それらを紹介しますね。ひとつは、「木を植え続ける老人の話」です。これはあるテレビ番組で偶然、見たものです。

木を植える老人って？地方の山間地域に行けば、林業に勤しむ人はたくさんいそうです。そんななか、テレビで拝見したご老人は、相当なご老人でした。少し腰が曲がっていたかもしれません。最初はあまり気に掛けることなく、見ていました。特に印象的だったのが、ニコニコしながら、なんだか楽しそうに木を植えているのです。そんなとき、ナレーションで、その植えている木が成長して、材木になるのが60年かかると聞いて…。「このおじいさんは、絶対に、この木の成長を見届けることは、できないなぁ。」と思った。同時に、「なんで、こんなにニコニコしながら、木を植えているのだろう？」と考えた。間違いなく言えることは、

このおじいさんは、自分自身のために木を植えてはいないということ。

このことに気づいたら、みんなが幸せになるように、ハッピーになるようにしてくれているのだなぁとわかりました。このおじいさんも「経済しよう！」の実践者と言えますね。

諸君、テレビや新聞のニュースに触れていると、感心できない大人たちを見ることがありますね。しかし、僕らが生きている社会には、こんな素晴らしい大人たちもいるのです。僕は学校以外の仕事もたくさんしているので、先生以外の大人たちとも出会います。やはり、社会でご活躍されている方々は、本当に素晴らしい方ばかりです。みんなが幸せになるように、みんながハッピーになるように常に考え、行動している人たちです。そのような人たちでないと、社会の先頭、リーダーには立てないことを肌で感じています。みんなに尊敬されるような人でないと、社会では成功しないです。そう考えると、諸君が社会のリーダーになってくれることを切望していますが、自分自身をしっかりと磨く必要もありますね。人格の形成も大切な要素です。

Q 最後に大切な話ですか？

もう、最後ですね。本書のタイトルである、「恋ではなく愛で学ぶ政治と経済」を解き明かさないといけないですね。でも、そもそも、恋と愛はどう違うのでしょうか？こう問いかけると、生徒や学生諸君は一生懸命考えてくれますが、勝也先生にも、わかりそうにありません。「えぇ〜？何で、そんなタイトルにしたの？」と突っ込まれそうですね。事実、僕は恋と愛との違いはわかっていないと思います。心理学者の先生ならば、説明してくれそうですが、僕は説明できません。「ならば、なぜに？？？」というのが、諸君の本音でしょう。僕は、恋と愛についてはよくわかっていないのですが、その姿はよくわかっていると思います。なので、一緒に進めていきましょう。

Q 勝也先生がイメージする「恋」と「愛」とは、どんなものですか？

はい。それらのイメージはできています。僕がイメージする「恋」は、次のようなものです。言葉では表しにくいので、写真でお示しします。それが次の写真です。これを恋の写真と呼びますね。

どうでしょう？あまりに素敵で、恋人がいなければ、うらやましく感じてしまいますね。素

敵な写真ですね。はい、質問。

①　この写真を見て、諸君は「恋」をどのように説明しますか？

諸君はどのように感じているでしょうか？そして、恋とは何かを考えてほしいです。早く答えがほしいかもしれませんが、今回は実際の教室での生徒や学生諸君の反応や勝也先生の答えを示さないようにしますね。なぜなら、もう少し考えてほしいからです。とかく、良くお互いを見つめ合ってはいますね。

さて、次は「愛」を考えてみましょう。また、一枚の写真を見てください。僕がイメージする「愛」は、次のようなものです。言葉では表しにくいので、次のページの写真でお示しします。これを愛の写真と呼びます。

どうでしょう？あまりに素敵な家族ですね。素敵な写真ですね。はい、質問。

②　この写真を見て、諸君は「愛」をどのように説明しますか？

諸君はどのように感じているでしょうか？そして、愛とは何かを考えてほしいです。

Q　勝也先生のおっしゃりたい恋と愛が見えてきたような…。

では、もう一度、恋の写真を見てください。とても、幸せそうな写真です。そう言ったら、愛の写真もとても、幸せそうです。どちらの写真もハッピーですね。だとしたら、「経済しよう！」で目指す「幸せになる！」「ハッピーになる！」がどちらの写真にも現れているようです。そんなところで、はい、質問。

③　この二枚の写真。決定的に異なるところは何なのでしょうか？

実際の教室での生徒や学生諸君の反応は、鈍《にぶ》くなります。ちょっと、難しい質問なのでしょう。写真に登場している人物がどこを見ているかに注目してくださいよ！その点に決定的な違いがある！

さあ、恋と愛について、勝也先生の見解でご説明いたします。恋の写真の二人はどこを見ていますか？お互いの顔を見つめ合っていますね。お互いが好き同士なのですから、当然です。

この後、二人はキスをしてしまうのでしょうか？ あり得ます（笑）が、それは横に置いておいて…。

〝この恋の写真は、はっきり言ってしまうと、二人の世界ではないですか。〟

周りなんか、全く見えていない。いや、見ていない。その瞬間は、どこも見たくもないのでしょうね。二人の世界だから。ただ単に、好きな人の瞳を見つめたい。こう綴《つづ》っているだけで、恥ずかしくもなってきます！ しかし、まったく恋は否定されるべきものでもなく、諸君、大いに恋はしてください。年を重ねてからも恋はできるのでしょうが、若い時にしたほうが、断然、楽しいです。余計なことを考えずに、ただ、ひたすら幸せで、楽しい時間にしていくのです。しかし、「政治しよう！」「経済しよう！」と向き合った時、二人の世界であることが気になります。

一方、愛の写真は、どうなっていますか？ 写真のみんなはどこを見ていますか？

〝この愛の写真は、みんなが同じ方向を見ているではないですか。〟

みんなで同じ方向を見つめている。

〝勝也先生には、その方向は、未来に向いていると感じます。〟

写真は家族みんなが写っているのでしょう。

〝みんなで、どんな道を歩んでいこうか。どのように、未来に進んでいこうか。どうやって、明るい未来にしていこうか。〟
そんなことが、彼らの背中から見えてくるのは、勝也先生だけでしょうか。

Q 勝也先生のいう愛は、みんなで、未来を築くことですか？

人が生きていく時には、素敵な恋も大切です。しかし、社会、みんなが生きる世の中を考える時、

〝恋である二人の世界から見ていくのではなく、愛であるみんなで同じ方向を向いて、どうしていくべきかと考えることが大切ではないでしょうか。〟

僕の言う「政治しよう！」とは、「僕らが生活しているありとあらゆる場所での対立を何とか調整して、みんなが幸せになる社会を考えていきましょう。実現していきましょう。」ですが、これは二人の世界では、成し遂げられないのです。二人だけでなく、周りのみんなのことも考えていく必要があります。また、僕の言う「経済しよう！」とは、「経世済民にのっとり、みんなが幸せになる、みんながハッピーになる経済を考えていきましょう。」ですが、これもみんなで同じ方向を向くことで、成し遂げて行くものなのです。

〝日本全国の生徒や学生諸君には、恋ではなく愛で政治や経済について学んでいっても

らいたいのです。〟

これがみなさんへ贈る勝也先生の最大のメッセージです。

Q 他に伝えたいことはありませんか？

12ページになります。僕は、諸君に本書の本旨（真の目的）は、諸君の人生を変えてしまうこととお伝えしました。いささか、オーバーだったかもしれません。でも、これは、実際のことでして、僕の教え子たちの多くは、僕と授業において共に考えることで、人生の決定打を鮮《あざ》やかに決めています。

人はみな、自分がかわいいと感じる生き物です。勝也先生は、特にその感情が強いと思っていて、自己嫌悪になることがあります。自分がとても疲れていたら、腰の曲がっているお婆さんがいたとしても、電車での席を譲れないことがあります。自分よりも明らかにつらそうなおじいさんやおばあさんがいたことに気づいても、寝たふりをしたことはありませんか？多かれ少なかれ、そのような経験は誰しもありそうです。

しかし、僕の授業では、みんなが本気になります。どうしたら、みんなが幸せになるか。どうしたら、みんながハッピーになるか。こんなことを考えることは、みんな好きで、楽しく感じるものなのです。なぜなら、〝人間は利己的な生き物であることは間違いないと思うのですが、正しいことはみんな好きなのです。その正しいこととは、どうしたら、みんなが幸せになるか。どうしたら、みんながハッピーになるかを考えることです。〟

そんな正しいことを真剣に考え、前に突き進んでいる若者たちがいます。

Q その若者たちは、勝也先生の教え子ですか？

そうです。僕は先生を何十年もしていますから、数え切れないくらいの教え子たちがいます。日本のありとあらゆる場で活躍しているばかりの諸君で、立派なリーダーに成長しています。紹介しようとしたら、枚挙にいとまがないです。

そんななか、印象的な教え子がいます。中学校と高校で僕から教わっていた彼らは、大学に進学して、就職先を決定しました。その報告に来てくれたのです。どんな大学生活をおくったのか？興味津々でしたが、「就職先はどこになったの？」という核心の質問を投げかけると、

「ＮＥＸＣＯ東日本（東日本高速道路）です。」

「あれっ?君は、文系だったのに、道路をつくるような会社を選ぶとは!?」

「何、言っているのですか!地方の人たちを幸せにするのですよ!勝也先生が教えてくれたではないですか!みんなを幸せにしろって!東京にいて、東京一極集中ではダメだと感じたのです。地方を盛り上げていかないと、これからの日本は伸びていかないですよ!僕が、東京と地方を結ぶ道路をどんどん造っていくんです!地方にも活力を与えていくのです!」


彼は、熱弁を繰り広げてくれました。

本当は、僕の素晴らしいひとり一人の教え子を紹介したいくらいです。あの子も、この子も、今、社会における立派なリーダーとなっています!

最終章　出藍《しゅつらん》の誉《ほま》れ時代だ！

諸君、この本を読んで、「明るい未来にしていくんだ！」「みんなが幸せになる社会を築いていきたい！」と感じていただけたでしょうか。少しでも感じてくれていたら、感謝感激です。諸君のひとり一人が、必要とされているどこかで、リーダーとして活躍してくれれば、これからの日本は、これからの社会は輝き続けていく。

〝どうぞ、これからの日本を、これからの社会をよろしくお願いいたします。〟

勝也先生は、諸君より先に引退です。

最後に贈る諸君へのメッセージは、「出藍の誉れ時代だ！」です。

〝出藍の誉れとは、弟子がその師匠を超えて優れているという名声です。〟

社会は激変している。これまで以上に激動の時代となっていく。諸君は、大いに僕ら大人たちを乗り越えていってください。いや、乗り越えられないようであれば、ダメです！

〝新しい価値をどんどん生み出していかないと、明るい未来社会は築かれていかないからです。〟

諸君にひとつ、忠告があります。それは、勝也先生周辺の大人たちで、諸君世代、若者たちに理解を示さない人たちがいることです。実は、僕らおじさん世代もかわいそうなわけです。僕が物心ついてきたとき、パソコンはなかった。スマートフォンはもちろん、携帯電話もなかった。新しい時代についていけない時があるし、諸君のような若者たちを理解できない時もある。なにせ、僕らが中学校・高校・大学という学校に行っているとき、授業は、ただひたすら先生の話を聞いて、黒板に書いてあること、先生が話したことをノートに書き写すだけでありました。授業中に話し合いはもちろん、話（議論）をすることはあり得ないし、言葉を発することもなかった。「くっそ〜、つまらない授業しやがって！」と思っても、それをぶつければ、ぶん殴られる（体罰される）ので、黙って我慢した。（愛のムチが当たり前の時代でしたからねぇ〜）困ったことに、僕ら世代の大人には、これらが当然と考えている人が多いわけです。諸君と受けている教育が違うので、まったく異なる育ち方をしてしまっています。

現代の社会は、劇的に変化しており、地殻変動すら起こっているにもかかわらず、どうしても諸君のことを理解できない、しようとしないことがあるのです。

そのことから諸君のことを否定する大人たちは残念ながら、一部います。

そんなときは、適当にあしらえばいいです。例えば、こんなことを言われるに違いありません。

「そんなこと、できっこない！」

「そんなこと、今まで前例がないから、無理だ！」

「これまで、前例がないから認められない！」

といったことを投げかけられるでしょう。

〝社会も時代も変化し続けているのに、これまでのやり方しか認めないという大人のほうが、残念ながら多いです。そんな大人と出会ったとき、絶対に負けないでください。〟

勝也先生は、もう諸君に抜かれてしまっていることを実感しています。20歳にして、会社を立ち上げる教え子。もう、彼がやっていることは、僕には、まったく見当がつきません。ただ、ひとつ、わかること。それは、

〝彼が社会のために、全力で走り続けているということ。〟

本当に素晴らしい。感服します。

諸君は、大いに、今の大人たちを超えていってください。遠慮する必要はありません。理解されず、認められないこともあるでしょう。

〝人の評価は気になるかもしれないが、自分で自分自身をしっかりと評価すればいい。自分で自分を納得させる評価ができているとき、全力で突っ走ればいい。〟

〝陰ながら、応援しています。〟

〝諸君のライバルは、僕らおじさんたちではなく、人工知能（AI）なのかもしれません。〟

そんななか、AI時代に恐れを感じている人たちがいます。AIが人間の仕事を奪ってしまうと言われてから久しいですね。しかし、所詮《しょせん》、AIは与えられた目的の中で、活動

や処理を行っていくに過ぎない存在です。ＡＩに行動をさせるときの目的の良さ、正しさ、美しさを考えることができるのは、やはり人間でなければならないのです。

〝ＡＩが「できない」と判断したとき、僕ら人間が本領を発揮するときです。ＡＩ時代には、ＡＩに使われるのではなくて、ＡＩを使いこなすような人になるため、本当に強い力を持ちましょう。〟

勝也先生の授業は、現代社会の諸課題を解決するときに必要なモノの見方や考え方を育みます。その学びは必ずしや、未来社会と結びついていくことでしょう。

〝ＡＩは、諸君が現代社会の諸課題を解決するときの手段で使ってあげればいい。次世代を創る主役はＡＩではなく、諸君のような若者、人間なのです。〟

／あとがき／

〝学びは永遠に不滅です。〟

僕は26歳で念願の先生になりました。最初の授業は諸君に申し訳ないくらいひどかったものです。しかし、10年くらい経てば、何とかなると思っていました。だって、諸君に教える教科書の内容は、毎年毎年、そんなに変わることはありません。教えたことを積み重ねていけば、ある程度の教え方ができるようになるはずと。しかし、時代が許さない。教え方は変わっていくし、諸君の望む授業も変わっていったのです。先生の教え方も、時代によって求められるものが異なります。だから、学び続けなければならない。僕は、まだまだ、努力して教え方を磨いていかなければなりません。どうやら、いつまで経っても百点満点に到達できそうにありません。だから、学びなのだ！

諸君、人生、死ぬまで学びを続けなければならないようです。やはり、学びは終わりのない不滅なものなのですね。学校を卒業したら、学びはおしまいと勘違いしてはいけません。社会に出てからこそ、家庭でも職場でも、教科書やマニュアルには出ていない、勉強では答えを見いだせない課題ばかりと巡り会っていくことでしょう。そんな時、独りでなくみんなで考え、自ら考えたことを発信（発表）して、みんなとコミュニケートすることで、新しいものを創造していくのです。マイクロソフトのビルゲイツ氏も、ソフトバンクの孫正義氏も独りでは成功していませんし、生きていません。みんなと分け合いながら、生きているのです。

〝学びはゴールがない。〟

〝学びは考えるもの。〟

〝学びはどこでもするもの。〟

〝学びは自らするもの。〟

〝学びは楽しいもの。〟

〝学びは分け合うもの。〟

さあ、諸君が社会に大きく羽ばたいて、飛び込んで来てくれることを、僕ら大人は待っているよ！

本書の執筆には、多く方々のお世話になり、感謝してもしきれません。高等学校教員としての仲間、目﨑昭年先生、稲垣俊介先生、浅川貴広先生、黒崎洋介先生、竹達健顕先生、山下孝之先生、久世哲也先生、水野雄人先生、内久根達也先生には厳しい目でアドバイスとチェックをいただきました。名古屋経済大学の濱口太郎先生には専門家から厳しい目でで見ていただきました。そして、なんといっても、名古屋経済大学の愛すべき学生諸君は表紙まで飾ってくれて、僕の夢がかないました。本当にありがとうございます。

高橋勝也

２０１９年６月

親愛なるまひろとめいへ

◆著者紹介◆

高橋 勝也（たかはし・かつや）

1969年生まれ。明治大学法学部卒業、鳴門教育大学大学院学校教育研究科教科・領域専攻 修士課程修了。現在、名古屋経済大学法学部准教授、NHK高校講座「現代社会」番組講師、総務省主権者教育アドバイザー。著書に高等学校公民科教科用図書『高等学校 現代社会 一人ひとりが考える自分・社会・世界 新訂版』（清水書院）、中学校社会科公民的分野教科用図書『新編 新しいみんなの公民』（育鵬社）、高等学校資料集『現代社会 資料集 2018』（清水書院）など。創価大学教育学部非常勤講師、日本証券業協会金融経済教育を推進する研究会委員、経済教育学会理事。

ご意見、ご感想をどしどしお寄せ下さい。 katsuyasensei1969@gmail.com

恋ではなく♥愛♥で学ぶ政治と経済

2019年6月20日 初版
2021年5月15日 二刷

著 者 ………… 高橋 勝也
発行者 ………… 高橋 勝也
編集所 ………… スタディ出版

ISBN978-4-389-50100-6

発行元 （株）清水書院
〒102-0072 東京都千代田区飯田橋 3-11-6 清水書院サービス第２ビル
印刷所 萩原印刷